L'Étoile du soldat

Christophe de Ponfilly

L'Étoile du soldat

ROMAN

Albin Michel

1

J'avais envie d'imaginer sa ville. Une petite ville russe comme il en existe des milliers dans ce pays immense. Elle possédait une rivière, m'avait-il dit. Une rivière où plonger et attraper des poissons. L'été, l'eau coule parmi les herbes et les fleurs sauvages. Au cours de ses méandres, des langues de sable offrent des plages pour flâner, faire la sieste, caresser des grains de sable ou de peau. L'été, on y flirte à l'abri des buissons. Lorsque l'hiver s'installe, la rivière devient banquise où se tracent des chemins, rendez-vous des pêcheurs qui marchent sur l'eau gelée. Des vieillards viennent s'y réfugier, emmitouflés dans leur solitude, plutôt que de supporter des babouchkas qui leur reprochent sans cesse de ne jamais faire ce qu'ils doivent. Assis devant des trous, ils font fondre le temps à attendre un poisson qui ne vient pas. Un poisson qu'ils rêvent gras.

Cette ville abritait des caves sous ses immeubles, m'avait-il raconté. Et des gaines de chauffage pour oublier le froid. Les jeunes s'y retrouvaient en secret, loin des parents qui s'insultent, des pères bourrés qui leur cassent la gueule, de l'ennui né de l'absence de dialogue. Cette ville n'était pas loin de Moscou. Cent un kilomètres exactement, au nord-est. Elle porte un nom qui ne signifie rien : Kirjatch. Le jour où il me l'avait décrite, elle lui semblait plus lointaine que la Lune. Autour, et au-delà de l'horizon, c'était l'URSS.

À la campagne, à cette époque, les Soviétiques n'étaient pas malheureux. Les salaires étaient payés. En 1984, les vieux touchaient encore leurs pensions. Ils ne se plaignaient pas. Les hommes ressassaient leur guerre d'avant, la patriotique, la Grande Guerre, celle de leurs exploits, réels ou inventés, leur fierté d'avoir vaincu le nazisme. Le poids de leurs médailles leur flanquait des scolioses. Ils s'en foutaient. Les femmes soupiraient, essuyaient leurs yeux avec de grands mouchoirs. Russes avant tout, ils se vivaient supérieurs. L'espace entre les frontières de la mère patrie était le plus vaste du monde ! Quant à l'Occident, c'était ailleurs, esquisse de ce nulle part qui existait moins que les étoiles.

Kirjatch avait deux usines. Une fabrique de phares auto. Une autre de tissus. Son père avait passé trente ans à respirer des acides dans la première. Un jour, le toubib de l'usine l'avait déclaré bon pour la casse. Il crachait du sang : ça salissait les blouses. Son père ? Un athlète ! Il n'y en avait pas deux comme lui pour soulever la fonte. L'usine en avait fait une toux. Rien qu'une toux.

Des images, Nikolaï m'en avait dessiné dans la tête : assis dans un fauteuil, le père ouvre des yeux perdus vers l'écran flou de la télé, unique folie achetée avec ses indemnités, posée sur la table. Son père avait aimé sa mère. Sûrement. Une femme généreuse qui n'avait jamais ménagé sa peine. Infirmière à l'hôpital central, au service des souffrances. Lui, le fils, Nikolaï, avait vu le temps agir et leur amour s'user, la maladie prendre sa revanche sur le bonheur. Lui, le fils, Nikolaï, avait entendu leurs disputes franchir des frontières interdites. Il avait observé l'amertume s'incruster partout où le silence crée du vide. Leur chambre à coucher était devenue le cimetière de leur amour. Inexorablement, la force avait abandonné les bras de son père. Et l'amour, les yeux de sa mère. « Longue est la vie pour un seul homme », disait autrefois son père qui se vivait éternel quand il aimait si fort sa « très chère femme ». Lui aussi avait pensé, comme beaucoup d'hommes, que l'amour est plus puissant que tout. Mais il avait connu la honte de devenir le brouillon de ce qu'il avait été. Peu à peu les lueurs de malice qui habitaient ses yeux s'étaient évanouies, m'avait-il dit. Nikolaï ne m'a jamais confié son nom.

Quelques images encore, glanées au fil de nos échanges : plus de rires dans la maison. Fini les taquineries, la manière de se moquer avec intelligence, sans méchanceté. Le père devenu une maladie, et cette maladie, l'avant-garde de sa mort. Mort lente, salope, sadique. Un fils ne devrait jamais voir une mère mépriser un père, puis le haïr. Un père, ne plus regarder celle qu'il a aimée, ne plus l'entendre, ni même se soucier de sa présence. Sans doute, se disait-il alors, cela était injuste et laid. Alors il prit une guitare. Pour s'enfuir. Se fondre dans la musique. S'arracher la cervelle, détruire les silences du malheur, faire vibrer l'espace, entortiller de sons et de chansons, exploser par un fracas de notes ce monde pour damnés.

La maison familiale comptait quatre pièces, taille standard pour une famille comme la leur. Sa chambre et celle de ses deux frères, rarement là. Celle des parents faisait office de salon et de salle à manger. La cuisine, de salle de bains. Dans l'évier, on se lavait le cul. Les habits aussi. Et les patates, que ses frères allaient piquer dans les jardins des datchas des Moscovites qui ne venaient que les week-ends.

Au fond de la cour, grande comme la maison, la niche d'un cochon gavé de leurs ordures. Et le trou des chiottes, surpeuplé de blattes. L'hiver, il fait parfois moins trente. Mais les Russes ne craignent pas le froid. Le Russe est fort dans sa campagne et ses forêts de bouleaux blancs et gris, dans ses étendues où il n'a nul besoin de se perdre.

À l'école, on leur enseignait, à lui et à ses camarades, que l'URSS comprenait en soi le bout du monde.

Qu'importait le reste, puisqu'il était si petit ! Ils étaient fiers de le savoir. Les professeurs détenaient la vérité. Comme le chef de l'administration lorsqu'il remettait les récompenses. Ils aimaient leurs médailles. Celles de Lénine et les rubans rouges pour les accrocher à leurs chandails. Dans cette vie-là, le jeune Soviétique de vingt ans qu'il était sentait sourdre en lui la force d'un bonheur, celui d'exister. Parce qu'il rêvait encore. Rêves éveillés !

L'hiver offrait ses flocons à la ville pour gommer ses noirceurs. Comment oublier le chuintement de ses bottes percées, colmatées au papier-journal – la gazette du Parti qu'il s'amusait à ne pas lire –, ce chuintement qu'elles émettaient en compressant de nouvelles couches venues du ciel, jour après nuit, nuit après jour.

Elle était belle sa ville, l'hiver, ville blanche, blanche mariée, le vent soulevant ses voiles, éparpillant des volutes de neige, les aérant pour former de la dentelle.

Au-dessus de ces jours, blancs comme des pages de cahier, les corbeaux traçaient des lignes noires, passant en bandes, et repassant sans cesse.

Nikolaï aimait ces images d'hiver, souvenirs qui s'inventent à fleur de présent, pêle-mêle. Il faut de l'énergie pour porter le charbon qu'on casse à coups de hache. Pour l'engouffrer dans le ventre du poêle. Si l'on veut dormir tranquille sous la couverture gonflée comme une meule de foin, il faut s'y reprendre à plusieurs fois. De la force pour briser la glace de l'évier lorsque personne n'a chargé le monstre à chaleur. Et les rires aux lendemains des cuites. Se foutre du froid, du manque de pain noir, des légumes pourris, du fond de vodka qu'on se dispute, bras d'honneur à la misère, à ce qui les fit naître russes.

Solides, les Russes. Diable ! Comme la terre gelée qu'une pioche effleure à peine, cassant les reins de l'audacieux qui s'y risque. Solides. Nikolaï aimait cette Russie. « Nikolaï », prénom choisi par ses parents. Il ignorait alors qu'il en porterait un autre. Comme il ignorait ce que des hommes politiques avaient tramé dans son dos.

2

Dans le centre-ville, m'avait-il expliqué, la Maison de la Culture abritait un groupe chorégraphique, l'école de l'armée, une salle de théâtre : fêtes, cours d'art dramatique et représentations, célébrations de mariages, réunions d'anciens et de jeunes futurs combattants. Lieu de passage, transformé en discothèque les vendredis et samedis soir. Boules de lumière à éclats de miroirs, tubes à éclairs violets, projecteurs habillés de gélatine. Des rouges, des bleus, des jaunes. Et une sono à t'arracher les tympans pour mieux te réfugier contre le ventre des filles.

En 1984, Nikolaï se fiche de l'URSS et de la politique. Les miliciens, il leur rigole au nez et fait la nique aux apprentis soldats de l'école de l'armée. En 1984, Nikolaï s'amuse avec ses copains, n'est dupe d'aucun discours sur la patrie, d'aucun slogan sur l'armée.

Il aime rire, blaguer, rafler les filles des types en uniforme, celles que les interminables récits d'entraînements paramilitaires ennuient. Des filles aux yeux de rêve dansent sur les cordes de sa guitare, tournent avec ses chansons, puis dans les bras des copains qui les chauffent, avant qu'il les recueille, mûres comme des fruits nocturnes.

L'hiver, ils traînent dans les caves. Ils y ont chaud. Comme dans un nid, comme dans un ventre. Ils chantent à tue-tête, flirtent, baisent quelquefois. Ils deviennent alors les rois du monde. Faire l'amour est enfin leur bonheur, leur liberté. Au diable la misère de leur URSS, qu'ils oublient lorsque les slips glissent le long des cuisses des filles. Parfois ils se battent contre les bandes du quartier d'Octobre rouge qui s'aventurent à essayer de piquer leurs beautés. À coups de poing et de godasse. À la brute. Et qu'ils traitent d'enculés. Malheur à celui qui tombe. Ça crie. Ça jure. Ça cogne. Un Russe saoul est plus violent qu'un fou de n'importe quel coin de la planète.

Un soir Nikolaï se retrouve à l'hôpital. Sa mère était de garde. Il y est arrivé le nez écrasé. Elle lui a collé une baffe. Drôle de nuit, celle-là. Et ce n'était pas la dernière. Rien à voir pourtant avec ce qu'il allait vivre. De la bagatelle, tout ça. Il s'en fout.

Il était heureux, lui, dans sa ville. C'est ce qu'il m'a dit et répété. Les champs, les forêts, la rivière, cette nature à perte de vue était son théâtre. Son oxygène. Quoi d'autre ?

Il ne savait rien de ce qu'on racontait sur eux au-delà des frontières qu'il ne voyait jamais, puisqu'il vivait à

Kirjatch. Là, où dans cette ville de quinze mille habitants, ceux qui avaient pris le bus pour se rendre à Moscou comptaient parmi les plus grands voyageurs de la Terre. Mais qui, dans le monde, se souciait des jeunes de Kirjatch ? Sûrement pas les historiens, ceux qui retracent la vie à l'envers en longues phrases empreintes de certitudes.

À cette époque, les Occidentaux voyaient l'URSS comme une prison de murs et de barbelés. Une prison explosive. Diabolique. Terrible menace de tanks et de fusées, de bombes atomiques, de sous-marins nucléaires. C'était fou cette peur, cette trouille que l'URSS semait dans les esprits paranoïaques des étrangers. De quoi leur faire dépenser des milliards de milliards qui auraient pu servir à fabriquer plus utile que d'autres fusées et anti-fusées. À force de croire à cette surpuissance qui laissait un peuple survivre au seuil de la misère, les militaires occidentaux avaient pris leurs aises et leur importance. Quels mensonges ! Quelle déraison ! Quelle folie !

Avec les copains, Nikolaï ne le voyait pas, ce monde-là. Comme les jeunes qui sentent la force les envahir, il se vivait roi de sa vie que visitaient tant de promesses d'inconnu. Nikolaï aimait chanter et jouer de la musique. Chanter les chansons de Joe Dassin, chialer des mots français au diapason de Piaf, écouter jusqu'à l'épuisement le grand, le génial Vissotski, celui qui fait vibrer l'âme. Le dimanche, Nikolaï s'éclatait avec du rock maison, avec la bande de copains qui, tous, fermaient les yeux pour devenir immenses, infernaux, fraternels. Son monde.

Les Russes savent inventer des fêtes. Tout est bon pour gommer les contours d'une réalité trop rude : biture à la vodka de pommes de terre, à l'éther piqué à l'hôpital et, s'il le faut, à l'essence.

Dans les rues de Kirjatch, le soir, des vieux et des moins vieux tanguent sur leurs jambes, comme si la ville était un navire par gros temps. Certains finissaient dans le caniveau à dégueuler leurs tripes, d'autres au fond d'un coma d'où quelques-uns ne revenaient jamais. Boire pour survivre.

Ce jour-là, Nikolaï avait retrouvé ses copains devant le bâtiment des bains publics, le bania. Ils étaient sortis à sa rencontre, à poil dans la neige, et l'avaient roulé dedans, malgré le froid glacial du matin. Dans les salles moisies du bania, ils avaient passé la journée à boire des bières et de la vodka, à raconter des histoires, à se flageller avec des branches de bouleaux dans la salle de vapeur, à rire et s'éclater la tronche. Ils avaient dévoré du poisson fumé de la rivière, partagé des blagues avec des vieux, ressassé les ragots de Kirjatch. Un dimanche sans rock, parce que la salle était fermée pour cause de bagarre, jusqu'à nouvel ordre. C'était un jour de grand froid. Moins vingt-cinq à midi, sous un soleil impuissant à réchauffer quoi que ce soit. Il ne restait que le bania, l'alcool, les rires, pour encourager les corps. Sans ces expédients, sans doute n'auraient-ils pas survécu, sans doute auraient-ils été tristes.

Le soir, la ville semblait déserte. Sa couche de neige tapissait la nuit que de rares lampadaires tachetaient de jaune. À travers le silence, la joyeuse bande avait rejoint des copines pour une intrusion au théâtre de la Maison de la Culture. Une salle magistrale avec des rangées de fauteuils rouges, où ils avaient fait irruption, grâce à la clef qu'Igor avait « empruntée » au directeur, et une bonne dose de culot. Qu'avaient-ils à perdre ? Les filles ne demandaient qu'à flirter, les mecs à délirer. Nikolaï à la guitare chantait à tue-tête :

C'est si bon d'croire à rien,
d'faire la nique aux miliciens,
des galipettes avec des filles
les emmener dans un spoutnik...

Et les autres de gueuler : « Nique, nique ! »

Ils avaient déplacé trois rangées de fauteuils, allumé les projecteurs de la scène, poussé le piano. Plusieurs s'étaient mis à danser sur l'air braillard de Nikolaï. En rythme, Kazbek, son plus cher pote, un colosse rigolard, jouait en solo au milieu du groupe.

Une grosse femme avait surgi en gueulant..., m'avait-il raconté.

La gardienne des lieux. Olga la mal baisée, toujours au seuil de ses règles, explosant en crises, en menaces.

Elle allait prévenir le directeur, ce gros con de Grousky. Elle avait hurlé son discours en les traitant de vauriens puis elle était sortie, suivie jusqu'à la porte du théâtre par Kazbek qui se dandinait en se moquant d'elle. Kazbek était revenu. Applaudi, il était monté sur la scène pour imiter Grousky. Et les autres de brailler :

– Ouais !... Vas-y... GROUSKY ! GROUSKY !

Kazbek faisait le clown, un manteau roulé en boule sous son pull. Il haussait le ton, grondait, accompagnant ses mots de gestes qui caricaturaient le vieux Grousky. Il l'imitait avec un accent et une grimace qui arrachaient mille éclats de rire à l'assemblée. Sergueï voulait s'y mettre. Les autres avaient protesté. La bagarre, pour rire. À boire ! Encore !

Deux heures plus tard, Grousky, le directeur, n'avait toujours pas pointé son nez (trop saoul, sans doute, dans sa datcha). Le silence était revenu dans cette vaste salle de théâtre. Ils avaient éteint les projecteurs de scène, s'étaient assis en rond pour écouter Nikolaï.

Je l'imagine chantant à voix douce, s'accompagnant de sa guitare, entouré de la chaleur de ses amis :

Chacun est né sous une étoile,
Chacun la sienne.
Au fil des ans, au fil du temps,
En route vers le bonheur,
Chacun fait ses choix, son chemin.
« Si on suit son étoile », entend-on,

« Si on ne s'en sépare pas,
Elle brillera de plus en plus fort
Et tous, nous brillerons avec elle. »
Je ne veux pas fermer les yeux
De peur de perdre de vue mon étoile.
Même dans mes rêves, je ne la quitte pas.
Nombreuses sont les étoiles qui brillent plus fort,
Nombreuses les étoiles plus voyantes.
Ce que je veux, moi, c'est une seule étoile :
La mienne. Et qu'elle m'entende.
Chaque matin, on me donne le même conseil :
« Ne va pas vers les étoiles, oublie-les, c'est mieux. »
Je me dis alors : Saurai-je retrouver la mienne,
Celle qui apprend à voler de ses propres ailes
Et m'entraîne dans son sillage.

Deux couples s'étaient réunis. Ils dansaient lentement sur la voix douce de Nikolaï, ce petit gars que tout le monde adorait parce qu'il était tendre. Tard, très tard, la fatigue avait eu raison des corps.

Ses copains avaient chahuté dans les rues. Kazbek, ivre, avait pissé en marchant, Nikolaï chantait, oubliant les camarades travailleurs, réfugiés dans leurs lits derrière les façades de leurs maisons. À vingt ans, l'alcool donne des ailes de liberté.

Devant la maison de ses parents, le groupe avait fait

une haie d'honneur au roi de la guitare. L'ami-frère. Coutume de bande, langage à eux.

Il était presque minuit, et le destin allait lui jouer un tour dont il n'avait encore aucune idée.

3

Devant le poste de télévision qui débite les images noir et blanc d'un ballet de danseuses en tutu, le père somnole sous une couverture, enfoncé dans ce qui a dû être un canapé en cuir. À ses côtés, la mère. Ronde dans une robe de chambre sans couleurs, elle reprise un drap. La porte d'entrée s'ouvre. Pas de sonnette. Elle grince comme si elle allait sortir de ses gonds. Regard excédé de la mère. Il est bientôt minuit.

Nikolaï pénètre dans le vestibule, sa guitare heurte les bocaux de cornichons entreposés au pied des murs, couverts de lattes de bois. Il n'a pas besoin d'allumer. Sa chambre se trouve de l'autre côté de la cuisine. En passant devant la porte du salon, il ne voit pas ses parents. Par habitude, par égoïsme de jeune de vingt ans, il agit comme s'il était seul. Pour conserver l'humeur grisante de la soirée, il se jette tout habillé sur son lit, dans cette chambre où règne un désordre devenu son univers : vieilles affiches d'orchestres de rock, pochettes de disques de Piaf, de Joe Dassin, vêtements épars sur le sol, d'autres entassés sur une chaise. Il trouve la force de se lever, pose un 33-tours sur le gramophone, monte le son. Une chanson de Vissotski envahit la nuit, brisant le silence de sa voix rauque et forte. Et si prenante : « À côté du vide, moi je balade mes chevaux », chante Vissotski en s'accompagnant de sa guitare. « *Je manque d'air, j'avale le brouillard, je sens que je vais mourir maintenant. Allez plus lentement, mes chevaux...* »

Nikolaï aime cet immense poète parti trop tôt, comme beaucoup. Il connaît ses chansons mais n'ose pas les jouer à la guitare par respect pour ce maître qu'on ne peut imiter. Il se déshabille maladroitement, arrache ses bottes de ses pieds glacés, se prend les talons dans son pantalon, heurte une chaise qui se renverse. Il se marre, chante avec Vissotski, se moque de l'heure qu'il est, se moque de tout. Il couche sa guitare dans son lit, la borde en lui soupirant des mots tendres. Sa guitare qui le fait chanter, qui murmure, qui crie, qui l'entraîne si loin, à l'extrémité de ses doigts et d'un morceau de bois. C'est alors qu'il découvre, avant les douze coups de minuit, posée sur son oreiller (par sa mère, c'est évident), une enveloppe ouverte. Il s'en saisit, la lit, puis demeure un temps à dessaouler. Il comprend.

Ses parents l'attendent sur le canapé, surtout sa mère. Ils n'attendent pas longtemps. Leur fils pénètre dans la pièce, en caleçon et en chaussettes, la lettre à la main. Vissotski chante toujours dans la chambre, indifférent à ceux qui vivent encore.

– Maman, l'armée me convoque !

C'est ce qu'il a crié. Il se souvient de ces instants comme s'il les avait répétés à l'infini.

– C'est ce qui peut t'arriver de mieux, Nikolaï..., a répondu sa mère sans cesser de repriser.

– De mieux ? Tu te rends compte de ce que tu dis ? Tu veux que je sois comme le fils Bereskova ! Lui, c'est un con. Tu crois qu'à l'armée on ramasse des fleurs ?

D'un geste, son père tente de ramener le calme. Peine perdue, sa femme n'en peut plus de ce fils qu'elle ne gouverne plus, qui part à la dérive sur un océan inconnu. Sa guitare lui est montée à la tête, ce Vissotski qu'elle ne supporte pas, ses vauriens de copains qui la rendent dingue. Des bons à rien. Des voyous ! Et son Nikolaï qu'elle avait tellement chéri !

– Je t'interdis de te moquer du fils Bereskova ! Au moins, sa famille est fière de lui. Et ça, dit-elle en montrant la feuille de convocation, ça va juste te remettre les idées en place !

Nikolaï n'est plus ivre. Il regarde sa mère avec une moue qu'il ne contrôle pas, et son père avec un dégoût qu'il regrettera d'avoir laissé filtrer. Il s'en veut, mais c'est plus fort que lui.

– Et lui ? Comme d'habitude, il ne dit rien !

– Ne critique pas ton père. À ton âge, il avait vécu le blocus. Il avait souffert, alors que toi, tu ne penses qu'à jouer de ta guitare !

Le père toussait comme il toussait toujours, absent, résigné. C'est ainsi qu'il me l'avait raconté.

– Au moins, avait dit Nikolaï, ma guitare fait danser les gens.

– Des gens qui dansent… ! Pauvre clown !

– Clowns vous-mêmes ! avait-il hurlé. Regardez-vous ! L'un détruit par l'usine : plus qu'une toux ! Et toi qui te tues comme un cheval à l'hôpital ! Et la vie, pauvres parents ? Vous ne la voyez qu'à travers la télé ! Quelle pitié !

Indignée, la mère lui avait flanqué une gifle. Une sacrée baffe. Elle ne l'avait jamais plus frappé depuis le jour où il s'était retrouvé à l'hôpital après une bagarre. Il avait encaissé celle-ci sans réagir, l'avait considérée sans la voir et avait quitté la pièce en hurlant qu'il n'irait pas à l'armée.

La voix rauque de Vissotski l'avait consolé d'être seul au monde. Qu'en pensait-il, le grand poète, de cette armée qui le convoquait ? L'alcool, la fatigue et la colère l'avaient emporté vers des cauchemars.

Dans la salle à manger, sur l'écran de télévision, les danseuses continuaient à tourbillonner sur leurs pointes. *Le Lac des cygnes*.

« Plus tard, me dira-t-il, mes parents en ont sûrement parlé. »

Nikolaï avait imaginé plusieurs scènes. Des conspirations dans son dos. Celle qui revenait sans cesse, c'était celle de la cuisine, leur seul lieu de dialogue. Sa mère, il la devinait debout près de l'évier, en train de laver et d'éplucher des patates. Son père, assis, posé comme un meuble, les coudes sur la table couverte d'une toile cirée, près de la fenêtre. Celui qu'il appelait « l'absent » ose une remarque :

– Et si on l'envoie Là-bas... ?

Sa mère hausse les épaules et se moque de la réflexion. Une mère fatiguée, si loin de lui, chanteur, musicien. Artiste ! N'importe quoi ! Elle n'aimait pas voir son fils heureux avec une bande d'ivrognes. Pour elle, chanter n'était pas une manière de vivre. Pour elle, qui avait surtout pleuré dans sa vie, on ne chantait pas. Chanter revenait à insulter ceux qui peinaient. Fallait trimer et se taire.

Au cours d'une des scènes qu'il s'était inventées, Nikolaï voyait son père aller plus loin, évoquer Dubov. Dubov, ce type détruit qu'elle avait soigné à l'hôpital.

– Quoi, Dubov ? Il a été blessé pendant des manœuvres militaires. Ça arrive partout.

– Tu crois à ça, toi ! D'où il revenait quand on vous l'a amené à l'hôpital ?

– Arrête !

– D'où, t'as oublié ?

Sans doute sa mère s'était-elle signée pensant à ce pauvre type, la mâchoire fracassée, qui délirait en parlant de montagnes noires traversées de fleuves de sang.

– Malheureux Dubov !

– Tout le monde savait qu'il revenait de Là-bas. « Des manœuvres », tu parles !

Elle était terrifiée.

– Il revenait de là où ils ouvrent le ventre des prisonniers, y fourrent des crabes vivants et le recousent avec du fil de fer barbelé !

Nikolaï supposait que sa mère s'était énervée. Il la voyait, avec sa raideur de vieille, nier en criant :

– Quels crabes ? Là-bas, y a pas la mer !

Et le père d'allumer une cigarette, soupirant et toussant, comme à son habitude, pour se tuer plus vite.

4

Quelques jours avaient passé, chacun restait retranché dans son monde : Nikolaï, encerclé de noires pensées ; sa mère entre l'hôpital, le marché, la maison et son espoir de gagner la dernière chance de faire de son fils un homme ; son père, immobile face à la télévision, muse des passifs.

Dans un kolkhoze près de Kirjatch, Nikolaï était venu jouer sur une estrade avec son groupe de musiciens. Du rock, du pur, du vrai, à la russe. Des couples dansaient, flirtaient, riaient. Encore vivants dans ses souvenirs. Et cette musique.

Certains chavirent, ivres. Ambiance de défonce et de musique. Il est à la guitare électrique lorsque Léonid, le magouilleur du quartier, entre dans la salle et lui fait signe. Ce type va lui donner la combine. Nikolaï quitte aussitôt l'orchestre et le suit dans le couloir.

– Combien ça coûte ?

– Trois mille

– Trois mille roubles ? Putain !

– C'est ce que j'ai payé. Résultat : je suis toujours là et l'armée m'a oublié.

– Raconte.

– Au bureau de recrutement, y a un colonel... Antonian, un Arménien. Sa fille s'appelle Tania.

– Tania !

– De temps en temps, elle arrive à baratiner son père. Elle sait y faire.

– Tania, la fille qui vient aux répètes ?

– Oui, mon pote ! La jolie petite qui te regarde quand tu l'ignores. Tu lui files le fric, elle le transmet à son paternel, et s'il est bien luné, t'es rayé des listes.

– Et si ça marche pas ?

– Elle te rend le pognon, moins cinq cents roubles pour le dérangement. Réglo !

Cette fille qui l'écoutait en souriant mais qu'il ne regardait pas parce qu'il lui préférait ses copines. Tania, fille d'un colonel ! Il croyait qu'elle habitait la ferme du kolkhoze : fille de fermier, avec ses joues roses, son teint de pêche.

S'il avait su ! Il se souvenait de n'avoir pas traîné. Il était revenu dans la salle, l'avait attrapée par le bras et menée dans l'escalier, loin du bruit et du regard des autres. Il n'avait pas tardé à la plaquer contre le mur.

Elle avait ri et s'était débattue.

– T'es un rapide, toi...

Il l'avait embrassée dans le cou. Elle s'était dégagée de ses bras et avait descendu deux marches.

– Qu'est-ce qui t'arrive ? Pourquoi t'es tendre avec moi ?

– Tu me plais.

C'est ce qu'il avait répondu.

– Ah oui ? Tout d'un coup je te plais ! avait-elle lancé avec une moue ironique.

– Il y a pas mal de temps que je t'ai remarquée...

Pour noyer le mensonge, il avait essayé de l'embrasser sur la bouche. Elle s'était dérobée.

– Tu me prends pour une conne. T'as parlé avec Léonid et, d'un coup, je te plais !

Il se souvient d'avoir senti ses joues brûler. Il avait cherché une explication, qui n'était pas venue. Elle l'avait dévisagé d'un air méchant.

– Ça va, arrête ton cirque ! Tu crois que je ne sais pas de quoi vous avez parlé avec Léonid ?

– Et alors, tu décides quoi ?

– Je vais voir.

Elle avait allumé une cigarette, prenant son temps. Ils étaient restés un moment, côte à côte, le dos au mur. On entendait le rock endiablé du groupe. Ils étaient bons, les copains. C'est alors que Nikolaï lui avait dit, sans détour :

– Ils vont m'envoyer à l'armée, tu ne vas plus me voir.

– Si on te garde ! Vous dites tous ça.

Il avait pensé que c'était perdu. Il s'était détaché du mur et avait commencé à descendre l'escalier. Elle avait crié, en le regardant, qu'il n'en avait rien à foutre d'elle. C'est ce qu'elle avait dit :

– Salaud, t'en as rien à foutre de moi !

Elle avait jeté sa cigarette et s'était lancée dans l'escalier, le rattrapant et l'enlaçant, à pleins bras. Ils étaient demeurés serrés l'un contre l'autre. Elle aimait sa musique. Elle l'aimait secrètement. Il était plein de peur.

– Idiot, avait-elle murmuré, tu sais que tu me plais et depuis très longtemps. Pour toi, ça sera mille roubles, parce que t'es quelqu'un de bien. À une seule condition : promets-moi de me regarder toujours avec ces yeux-là.

Il pleurait comme un enfant.

Un matin, alors que sa mère était au boulot, Nikolaï s'était tenu debout devant son père tassé dans son fauteuil, pas rasé, contraint d'affronter le problème. Ce moment-là, il s'en souvenait dans les moindres détails. Des larmes lui étaient venues en l'évoquant. Il entendait encore son père avouer ses tristes limites :

– Où veux-tu que je les trouve ?

Avec des yeux si tristes. Et lui avait insisté, n'y croyant pas :

– J'sais pas, merde ! On pourrait te les prêter !

– Qui ça : on ? Mille roubles, c'est une fortune.

Non, oublie cette magouille. Deux ans, c'est pas si long dans une vie...

Les propres paroles de sa mère.

Nikolaï avait pris une chaise pour faire face à son père, se placer à sa hauteur. Ils étaient demeurés ainsi, chacun dans son silence. Après un long moment, il avait demandé à son père si, lui aussi, haïssait sa musique. Ce père avait paru plus triste que d'habitude. Il l'avait regardé au fond des yeux, en s'excusant :

– Je ne la comprends pas, c'est tout. Je suis vieux, je suis malade. Cet argent, je ne l'ai vraiment pas, Kolaï.

– Et ta pension ? Et maman qui se fait chier depuis trente ans à bosser à l'hôpital et à faire ses boulots de merde en plus ! Je sais qu'elle les a !

– Qu'est-ce que tu racontes ?

– À vous deux, vous avez au moins trois mille roubles de côté.

– Où vas-tu chercher ça ?

Qu'est-ce qui lui avait pris de l'emmerder ? Il se souvenait de ce visage blême, fatigué, de ses mains veineuses, de ses épaules autrefois si puissantes, aujourd'hui affaissées. Cet homme, son père, cet homme usé, avait toussé et gardé le silence. Il avait fini par sortir un paquet de cigarettes. Il avait allumé un clope, inspiré, toussé à nouveau. Ils n'avaient plus rien à se dire. Nikolaï se souvenait de son regard d'amour, ce regard qu'il n'avait compris que lorsqu'il était parti. Plus tard, il y avait repensé, dénichant la pépite de l'amour du père, trop tard, hélas. La vie, il faudrait la vivre à l'envers.

Nikolaï savait aussi que sa mère était allée voir son grand-père. Un sacré bonhomme ! Il n'était pas difficile d'imaginer ce qu'ils s'étaient dit. Elle l'avait rejoint au marché de Kirjatch. C'est ce que lui avait rapporté Igor qui les avait vus. À Kirjatch, on sait tout de chacun. Un marché ouvert chaque jour, devant l'église transformée en usine à pain. Celui que les croyants appelaient le pain du diable. Dehors, des pauvres vendaient aux pauvres, dans le froid, des marchandises posées à même la glace du sol : quelques légumes en boîtes, des cornichons, des fruits au sirop, des tas d'objets récupérés on ne sait où : tubes de dentifrice, brosses à dents usagées, brosses à chaussures. Sous la partie couverte du marché, les commerçants les plus aisés vendaient aux riches de la ville. Les pauvres venaient s'y réchauffer.

La mère de Nikolaï marche entre les étalages et parle à son vieux père. Ils avancent côte à côte, filets à provisions au bout des doigts. Elle ressasse sa rengaine :

– Ton petit-fils a le culot de nous demander mille roubles ! Pas à moi, à son père ! Dire qu'il y a des salauds d'officiers recruteurs pour marcher dans ce genre de magouille. C'est criminel.

Le grand-père hocha la tête. Comme d'habitude. Il tente de calmer sa fille en lui tapotant le bras de ses moufles. Elle n'a pas fini. Elle est têtue, sa fille. Elle est têtue sa mère.

– Ce que je veux le plus au monde, c'est que Nikolaï devienne enfin un homme, dit-elle. Je voudrais être fière de mon garçon mais il ne pense qu'à chanter, danser, faire la fête avec ses bons à rien de copains.

– L'armée n'a jamais fabriqué des hommes, Douchka. La musique, les filles, la fête, c'est bon ! C'est la jeunesse ! Ouvre ton cœur, Mamouchka. Au lendemain de la guerre, la vie a été trop dure pour nous. Si lui peut en profiter, tant mieux ! Je les lui donnerais, moi, si je les avais, ces mille roubles !

Son grand-père l'aurait aidé s'il en avait eu les moyens. Nikolaï le savait. Il avait combattu les nazis pendant quatre ans. Le malheur avait voulu qu'il soit fait prisonnier au cours des derniers mois de la guerre. Sous Staline, cela équivalait à une trahison. « A cédé son arme à l'ennemi ! » avait déclaré un commissaire du peuple à sa libération.

Voilà ce que les camarades avaient dit. Jolie consolation pour avoir été capturé par les nazis ! Son grand-père haïssait les politiciens. Il disait qu'il aurait été un bon communiste si les dirigeants n'avaient pas trompé le peuple. Il répétait : « Regarde ceux qui mangent des plats dont nous ne connaissons même pas les noms. Vois leurs datchas de luxe ! Leurs automobiles de seigneurs. Communiste, oui, mais pas pour faire n'importe quoi. »

Il avait insisté pour qu'elle donne les mille roubles. C'est sûr ! Un type bien, son grand-père.

5

Il y a des jours comme les autres, qui passent et se ressemblent. Et quelques-uns qui ne s'oublient jamais. Le jour de son départ pour l'armée serait de ceux-là. Les religieuses du couvent de Kirjatch avaient frappé le carillon du clocher de leur église comme chaque angélus, qu'il vente, qu'il pleuve, qu'il neige ou fasse soleil. Nikolaï s'était levé avec l'impression de commencer la vie d'un autre. Sans doute n'avait-il pas dormi la veille, ni joué de la musique, ni bu. Pas le cœur à ça. Il avait fait ses adieux à ses copains. Kazbek, le grand Kazbek, l'avait serré fort, les larmes aux yeux. Nikolaï lui avait confié sa guitare, sa liberté. En attendant de revenir et de la recouvrer, osait-il espérer.

Un bus bleu, sali par la neige et la boue, attendait que la cérémonie d'adieux s'achève. Des parents étaient venus accompagner leurs fils. Pas les siens. Il avait refusé leur présence. Seulement les copains. Et pas de discours. Salut, c'est tout.

Il m'avait dit :

« Quand je pense à ma mère, je vois des larmes. Des larmes et plus de mère. Pauvre maman qui croyait que l'armée fabriquait des hommes, et la musique, des voyous ! Avec mille roubles, le père de Tania aurait retiré mon nom des listes. Mille roubles ! À peine le prix de ma vie. Pauvre maman, qui doit pleurer encore et encore. »

Le bus a démarré. D'une main, Nikolaï essuie la buée de la vitre pour regarder Kirjatch disparaître le long de la route. La forêt, pendant des heures, envahit la surface des fenêtres pour s'évanouir dans la neige et la nuit. Avec les émotions.

Devant la fenêtre de la cuisine, un rêve flotte en filigrane dans la conscience de sa mère : que Nikolaï revienne transformé. Elle pardonnera alors, lui aussi, et ils s'aimeront pour la vie. Elle a agi pour son bien. Elle aime son fils et ne lui veut que du bonheur.

Certains lieux, jusque dans leurs moindres détails, se ressemblent. Comme les militaires ressemblent toujours aux militaires, à quelques écussons et médailles près. Il s'agit d'une convention entre humains. Les casernes ressemblent à des casernes, au drapeau près. Qu'elles soient anglaises, américaines, françaises ou soviétiques, organisation de l'espace oblige. Il n'existe pas, à ma connaissance, de militaires en rose. Dans les casernes, ils fonctionnent comme des automates, figés, rigides. Ils reçoivent des ordres et sont ordonnés. Pourtant, ce sont des hommes.

Dans l'immense salle aux murs peints en blanc crème, il fait plutôt frais. Alignés les uns derrière les autres, des hommes nus attendent leur tour, pour être mesurés, pesés, auscultés, réduits en fiches, en régiments, en unités, mais d'abord, en rang. En ordre. Gare aux insoumis. Le poing dans la gueule et les brimades en ont maté plus d'un. Il en va ainsi dans l'armée soviétique. On répartit les individus en fonction des exigences de l'état-major. On formatera ensuite. Nikolaï, le chanteur de Kirjatch, a intégré ce théâtre, comme des milliers d'autres jeunes Soviétiques passés brutalement des mains de leur mère à celles d'un médecin appartenant à un système. On a complété son carnet militaire de santé et on l'a revêtu d'un uniforme, après lui avoir rasé la tête.

Cette caserne portait un nom que Nikolaï n'a évoqué que pour considérer qu'il était banal. Il a surtout enregistré la musique militaire, les chants patriotiques, les commandements, les exercices à répétition.

Des ordres gueulés, de la discipline à fabriquer des soldats. Des soldats soviétiques. Ces soldats qui terrorisaient les spécialistes occidentaux. Un matricule dans cette ex-armée Rouge qui, pendant des années, à l'Ouest, a permis aux militaires occidentaux de couver un filon, celui de la peur, permettant d'obtenir de plus en plus d'argent pour fabriquer des armes de plus en plus destructrices, de plus en plus inutiles ; à ne plus savoir où stocker les armes déclassées. Lorsque l'URSS s'effondrera, en 1989, peu d'observateurs remarqueront que les dangers n'étaient pas si redoutables... Au-delà de ses parades, l'armée soviétique, de bric et de broc, illustrait la faillite d'un système impossible.

Du dernier jour de printemps, Nikolaï se souvenait avec précision : au pas cadencé, les nouvelles recrues avaient pris place dans la cour de la caserne. Là où une tête géante de Lénine reposait sur un piédestal de marbre. Il m'avait raconté cette cérémonie dans les moindres détails : le nombre de soldats, certains parents venus en invités, les gradés, les bâtiments jaunes autour. Il n'était pas difficile d'imaginer Nikolaï, coiffé de la chapka réglementaire, au garde-à-vous devant une table recouverte d'un tissu de velours rouge, derrière laquelle, lui-même figé au garde-à-vous, un officier l'écoutait lire à voix haute le texte du serment :

« Moi, citoyen de l'Union des Républiques socialistes soviétiques, entrant dans les rangs des forces armées, je prête serment et jure solennellement d'être honnête, courageux, discipliné et vigilant, de toujours préserver les secrets militaires et les secrets de l'État, de suivre sans discuter les règlements ainsi que les ordres des supérieurs. Je jure de préserver de toutes mes forces les biens de l'armée et de la communauté, et d'être fidèle jusqu'au dernier souffle à mon peuple, à ma patrie soviétique et au gouvernement soviétique. Je serai toujours prêt, sur ordre du gouvernement soviétique, à défendre ma patrie, l'Union des Républiques socialistes soviétiques, et, en tant que combattant des forces armées, je jure de la défendre avec courage, adresse, dignité et fierté, sans craindre de payer de mon sang et de ma vie pour vaincre l'ennemi. Si je venais à devenir parjure à ce serment solennel, que je sois frappé par le poids de la loi soviétique, la haine universelle et le mépris des travailleurs ! »

Les uns après les autres, les soldats avaient engagé leur parole, que l'on avait confondue avec leur honneur, leur attachement à une mère patrie qui s'emparait d'eux pour en faire de la chair à canon, à mine, à balle tirée par des hommes qui ne leur avaient rien fait et dont ils ne sauront jamais rien. Il se souvenait d'avoir pensé, pour la première fois, à Brejnev le sénile et à sa clique de salauds irresponsables, si peu humains, si monstrueux.

Quelques jours plus tard, le réfectoire de la caserne

résonnait d'un brouhaha exceptionnel. Les officiers l'avaient autorisé car c'était le jour des affectations. Nikolaï se souvenait de bribes de phrases : « Tu vas où ? » « Berlin ! », « Prague ! », « Ouzbékistan ! », « Douchanbé ! » Quelqu'un avait fait le malin : « Moi, c'est chez Allah le Grand ! Pour le feu d'artifice. Fumer un joint en se faisant tailler une pipe par une femme en *tchadri* : le pied ! »

Plus tard, Nikolaï avait réussi à joindre sa mère au téléphone, sa pauvre mère.

– Oui, *Là-bas !* avait-il lâché, dans un soupir. En AF-GHA-NIS-TAN ! Mille roubles, bordel ! MILLE ROUBLES !

Il avait brutalement raccroché. Que pouvait-il faire d'autre ? Le regretter, maintenant. Le dernier souvenir de sa mère aura été son silence.

Une semaine plus tard, en pleine nuit, sur le tarmac d'une base aérienne où ils avaient été conduits en camions, les soldats avaient été parqués devant des Antonov. Ils étaient restés là plus de deux heures, debout devant les appareils, alignés comme des soldats de plomb, des soldats de glace.

Enfin, ils avaient entendu le vacarme des moteurs. Puis les ordres. Alors seulement, ils étaient entrés au pas, dans le ventre des monstres.

6

Juillet 1984. Après un arrêt de trois jours en Ouzbékistan, à Tachkent, les militaires étaient repartis, toujours en avion. Direction Kaboul, capitale de l'Afghanistan, pays ami qu'ils allaient « aider ».

Dans le ciel plus vaste que la terre, par les hublots, ils avaient regardé les montagnes succéder aux plaines. Certains s'étaient sentis minuscules. La plupart dormaient, préférant ne rien voir. Nikolaï ignorait le lieu où il serait affecté. D'autres le savaient pour lui : on les envoyait là où il fallait remplacer des morts.

Malgré la propagande, tous savaient qu'il y avait une guerre. Pour Nikolaï, une saloperie. Il n'y avait que des barges comme les types de l'école de l'armée pour en rêver, eux qui jouaient aux militaires dès l'âge de quatorze ans et se prenaient pour des héros. Pour Nikolaï, les héros s'apparentaient aux fantômes. Ils existaient sans exister. On les fabriquait avec les naïfs. Comme les médailles, pour les orgueilleux. Des mensonges. Des images fausses. Croire que des êtres sont plus exceptionnels que d'autres, la bonne blague ! Nikolaï m'avait décrit ces types de l'école de l'armée qu'il voyait s'entraîner. Des jeunes comme lui, à la différence près qu'ils étaient habités par des esprits de vieux cons. Combien de fois s'était-il amusé à les regarder pratiquer leurs exercices avec des fumigènes, déguisés en uniformes, avec treillis, chapkas et bottes. Tout cela lui paraissait risible. Lui qui ne croyait qu'à la musique et à l'harmonie. Pas à la guerre ! Ce malheur n'était pourtant plus réservé aux vétérans. Nikolaï n'aurait jamais imaginé combattre un jour.

Pendant que Nikolaï et ses amis ne pensaient qu'à tomber amoureux, blaguer, chanter, coucher avec des filles, rire et flâner, les militaires se foutaient des coups de poing sur la gueule, quand ils ne se bastonnaient pas, à coups de tatane, dans leur salle d'entraînement. Mis à part ceux que leurs parents avaient fourgués là en quête de sécurité pour l'avenir, il s'agissait d'allumés de première. De la chair à canon. Des pétards pour le prochain feu d'artifice.

Nikolaï supposait que cette mascarade ne lui était pas destinée. Il vivait ailleurs et s'était cru intouchable. La force de l'amitié qui le liait à ses camarades le protégeait de l'extérieur, comme s'il vivait dans une bulle. Mais cette bulle avait éclaté le soir où sa convocation pour l'armée était arrivée. Lorsque sa mère s'était mis dans la tête que l'armée ferait de son fils un homme.

Sa plus belle parcelle de liberté, Nikolaï la portait en lui, celle que personne n'avait le pouvoir de lui voler : la *muzika* ! Plus sacrée que la vie d'un homme.

Il m'avait dit :

« La *muzika* te shoote à l'invisible, t'envoie valser parmi les étoiles. Mieux qu'un aller-retour avec Gagarine ! La musique te transforme en rêves. Doux, chauds, tièdes, brûlants, trépidants, insaisissables, envahissants. »

Il fallait l'entendre évoquer cette passion :

« Elle t'enivre, te prend, fait danser les contours, te pénètre, te traverse, sort de toi, ondule et tourbillonne. As-tu déjà été attentif aux sons de la nature ? As-tu consacré des heures à écouter les confidences des ruisseaux ? Les chants des oiseaux ? Une vache qui meugle au loin ? Le vent qui joue dans les blés comme sur les cordes d'une harpe ? Concerts gratis et sans fin. »

Il avait appris la musique, disait-il, avec le murmure de l'eau, l'orage qui gronde, la batterie du tonnerre, les vibrations des foins, les voix des hommes et des femmes, les cris des bêtes, les rumeurs. Une langue pour tous. La musique se rit des frontières, des querelles, de tant de saloperies dont les gens sont capables. La musique emmène loin, très loin de la connerie humaine. Elle rappelle l'universel qu'elle devrait être capable de représenter.

Il m'avait fait une confidence : il s'identifiait aux Rolling Stones, aux Beatles et aux Doors, dont le camarade Ivan avait rapporté des enregistrements de Moscou. Il les avait écoutés pendant des heures, s'endormant sur les vinyles. Sa tête tournait avec les disques. Les sons pénétraient en lui par la pointe du saphir. Alors la guerre, autant dire qu'elle se tenait loin, très loin de lui. Leonid Brejnev, président du Soviet suprême des Républiques socialistes, avait contrarié son destin d'homme heureux. C'était ainsi.

De Kaboul, Nikolaï était parti en hélicoptère vers la vallée du Panjshir, lieu que d'autres avaient choisi pour lui : la base soviétique d'Anabab.

– Un furoncle, disait-il, pris en étau entre deux chaînes de montagnes qui le surplombaient de quatre mille cinq cents mètres de menaces et de dangers.

Implanté sur une colline, ce camp de campagne semblait fragile, accroché sur un flanc de montagne, en surplomb du fleuve Panjshir. Kaboul se trouvait à quatre-vingts kilomètres par la route, impraticable en juillet 1984, en raison des embuscades que les « bandits » tendaient dans les gorges séparant la vallée du Panjshir de la plaine de Shomali, qu'on appelait « Région nord ».

La base d'Anabab avait été installée en plein cœur d'un territoire hostile. Nikolaï l'avait ressenti en posant les pieds sur le sol de rocaille et de poussière. La base : une trentaine de tentes de campagne dressées autour d'un espace dégagé d'où deux hélicoptères décollaient déjà pour regagner la capitale afghane avant la nuit. Entourée de barbelés et de tranchées, la base était défendue par des postes de tir protégés par des sacs de sable, plusieurs tanks enterrés, des canons et une plantation invisible de saloperies de mines. Un lieu de survie mal fichu, bricolé, comme n'importe quelle installation en Russie.

Les nouvelles recrues avaient couru hors des appareils sous les beuglements d'un lieutenant-chef, avant d'être parqués devant les tentes de l'intendance, avalant la poussière que les rotors jetaient dans les airs. On n'était plus à la caserne. Kirjatch était loin, déjà irréelle, effacée. Nikolaï était arrivé Là-bas. Pour combien de temps ?

Il avait eu les mêmes réflexes que les autres : se protéger et tenter de comprendre. Découvrir le piège où on l'avait déposé, inventer des astuces pour ne pas se perdre, s'accrocher, choisir des types à qui parler, des copains à écouter. Comme les conscrits arrivés de Kaboul, il s'était retrouvé devant le commandant de la base, le capitaine Zanoviev, dit « le Dingue ». Un type volumineux portant des lunettes aux verres si épais que ses yeux ressortaient comme devant une loupe. Sans doute ce regard avait-il contribué à son surnom. Il ne regardait pas, il hypnotisait. Longtemps,

Nikolaï était demeuré au garde-à-vous devant lui. Il avait décliné son nom et son numéro de matricule et appris de cet homme qu'il serait affecté à un groupe de protection extérieure.

– Le groupe de protection extérieure, avait expliqué l'officier, comme s'il lisait un manuel d'instruction, doit assurer la couverture du camp de base en se confortant sur des points d'appui qui devront être farouchement défendus en cas d'attaque ennemie, afin de donner au camp de base le temps d'organiser une réplique cinglante.

L'officier avait alors saisi sa casquette posée sur le bureau.

– Camp de base...

L'air blasé, visiblement habitué à la démonstration, Zanoviev avait sorti d'un tiroir une douzaine de balles de Kalachnikov qu'il avait disséminées autour de la casquette.

– Groupes de protection extérieure...

Il avait saisi le cendrier qui débordait de ses mégots.

– Attaque ennemie !

Il avait renversé le cendrier sur un groupe de balles dressées sur leurs douilles.

– Défense farouche du groupe de protection.

Les balles tombées avaient roulé les unes contre les autres, mikado impossible. Avec un sourire exhibant le jaune de ses dents, l'officier s'était emparé de la casquette pour en recouvrir entièrement le cendrier.

– Réplique cinglante !

Devant la tête inquiète de Nikolaï, le sadique en uniforme avait éclaté de rire. Ramassant une douille sur le sol, il l'avait portée à ses lèvres pour en tirer deux sifflements aigus, les yeux fermés. Ensuite il s'était mouché dans ses doigts, en jurant.

– Un conseil : au poste de transmission... méfie-toi !

Se méfier de quoi ? Le capitaine avait éclaté d'un rire gras, toussant et crachant dans une flaque de miasme, entre ses bottes et celles, neuves, de Nikolaï.

– Méfie-toi des MST, connard ! Tâche de ne pas attraper de chaude-pisse ! C'est le plus grand danger ici. Les Afghanes sont les plus grandes salopes de la terre. Terribles ! Et avec ta gueule d'angelot, fais gaffe aussi de pas te faire choper par un barbu de la montagne. Ils aiment ça, les petits mignons. Allez, casse-toi ! Au suivant !

Nikolaï, se raidissant brusquement, avait exécuté le salut, fait claquer ses bottes en un demi-tour réglementaire. Il m'avait raconté en détail cette rencontre avec ce Zanoviev. Bienvenue chez les dingues !

Plus tard, il était passé prendre draps et couvertures, arme de dotation et munitions. On n'en était plus à faire semblant. Comme les autres, il avait été mis en garde quant à la tyrannie des vétérans. Avec l'ennui et la tension née de la peur, leur plaisir consistait à pratiquer le sadisme à l'encontre des nouveaux qui représentaient des proies faciles. Les cassages de gueule étaient fréquents et impunis. Certains bizutages se poursuivaient jusqu'à la mort. Les officiers, eux, ne se privaient pas d'accompagner leurs ordres de coups de poings. L'alcool et la drogue n'arrangeaient rien.

– Entre une base militaire, paumée dans une province afghane, et un asile psychiatrique, il n'y a pas beaucoup de différence, m'avait expliqué Nikolaï, à moi qui venais de l'Occident où l'on craignait tant l'armée soviétique qu'on imaginait redoutable.

Des copains croisés à Kaboul, à la base de transit, lui avaient répété la consigne : surtout, s'écraser. Pas d'arrogance. Les premiers mois, se faire discret. Nikolaï n'avait pas peur de la violence. Après tout, elle était de fabrication russe. Ce n'était pas ce qu'il redoutait le plus. Plus d'une fois, à Kirjatch, il avait éprouvé la réalité de son courage. Ce qu'il craignait surtout, c'était de perdre son âme.

Les murs du dortoir étaient en toile de tente, que le vent agitait en ondes successives. Pendant que trois soldats effectuaient leur corvée de nettoyage, Nikolaï rangeait ses affaires dans son casier. Il avait sorti une photo de son sac. On l'y voyait avec sa guitare électrique, entouré de ses copains musiciens. Lui méconnaissable au premier abord, avec ses cheveux longs, bouclés, et quelques kilos de plus. Mais son rire, c'était bien le sien. Les autres, ses amis emportés par la musique. Le batteur, concentré. Le bassiste, les yeux fermés. Un autre monde bordé d'une marge blanche, un monde couvert d'une fine couche de brillance, écaillé à force d'avoir été regardé et touché. Une photo dans la poche, maintes fois pliée, dépliée et repliée. À détailler ces jeunes Soviétiques, on pouvait percevoir le rythme de leur musique, si loin de cet Afghanistan de paysans, où harmonies et poésies persanes étaient couvertes par le vacarme des torrents, les blés parcourus par le vent et le feu, des explosions, des appels à la prière et au secours. Cette photo ne le quitterait jamais.

Dehors, non loin de la base, des paysans afghans, leurs femmes et leurs enfants, moissonnaient à la main un blé couché par le même vent qui venait caresser la base ennemie, travaillant la terre avec des gestes ancestraux, inconnus de Nikolaï.

Comment s'écoulait la vie sur cette base d'Anabad ? Nikolaï gardait, gravés dans sa mémoire, des souvenirs, des instants, des scènes qui relevaient d'une sorte d'irréalité. Il ne parvenait pas à définir si ce qu'il avait vécu relevait du cauchemar ou s'il avait été un des vrais acteurs de tant de drames.

Le jour suivant leur arrivée, la vingtaine de nouveaux venus avaient été alignés sur l'aire centrale de la base. Le capitaine Zanoviev, planté devant ses soldats, avait prononcé un discours, en hurlant, pour se faire entendre d'eux, des montagnes, du vent, et du diable probablement.

– Oubliez la maison ! Ici, on défend la révolution des travailleurs afghans ! On combat des bandits, ces salauds de contre-révolutionnaires. Les écraser comme de la vermine, c'est notre boulot ! Détruire ces fumiers ! Vous avez des questions ?

Comment auraient-ils pu poser des questions, ces adolescents qui n'avaient jamais su auparavant que l'Afghanistan existait, qui ne comprenaient rien à l'islam, rien de rien à la politique, sinon qu'on les avait foutus dans un guêpier et qu'ils n'avaient qu'une envie : en sortir vivants.

Zanoviev, les bottes dans la poussière, passait devant chacun, les scrutant de ses yeux démesurés jusqu'au tréfonds de leurs consciences. Il s'était alors mis à vociférer, comme à son habitude :

– À partir d'aujourd'hui, va falloir montrer ce que vous avez dans les tripes ! Je vous aurai à l'œil, jusqu'à faire de vous des héros.

Qui, parmi ceux-là, avait demandé à devenir un héros ? L'officier s'en moquait. Il ne les voyait pas.

La base d'Anabad était de trop sur le sol afghan. S'il y avait un coin pourri au bout du monde, c'était bien ici. Les hommes qui y vivaient n'étaient plus des hommes. Ceux qui s'y terraient depuis des mois avaient pris des allures de bêtes. Le moindre bruit, le moindre geste les faisait sursauter et se mettre sur la défensive. L'agressivité qui régnait dans ce poste avancé n'avait d'équivalent nulle part ailleurs. Nikolaï se souvenait de son premier contact avec un type qui devait n'avoir qu'un an de plus que lui. Un jeune vieilli trop vite. Nikolaï avait voulu parler, établir une complicité avec lui. Ils marchaient côte à côte parmi le dédale de tentes et de baraquements. On entendait le ronflement d'un hélicoptère qui décollait. Au loin, quelques explosions résonnaient en écho.

– Ça pète souvent ? avait demandé Nikolaï.

L'ancien n'avait pas répondu. Il avait accéléré le pas.

– Beaucoup de victimes ?

L'autre s'était arrêté, fixant Nikolaï comme si celui-ci l'avait insulté :

– Et toi, connard ? Tu te branles combien de fois par jour ?

– Comme un malade !

Nikolaï avait rigolé mais l'autre l'avait saisi à la gorge, méchamment.

– Les questions c'est comme les cataplasmes, ça brûle quand on les pose et ça sert pas à grand-chose !

Il était parti, laissant Nikolaï planté comme un idiot. À Anabad, les nouveaux ne pouvaient comprendre les anciens. Les anciens, c'étaient des caïds. Les caïds, c'étaient ceux qui avaient réussi à survivre le plus longtemps. Ils avaient leurs codes, leurs langages, leurs manières d'être ensemble. Les autres : de la chair à canon, on ne le répétera jamais assez, fraîche et innocente.

À Anabad, on ne posait pas de questions. À Anabad, on était soviétique. On était les plus forts. Autour, tout affirmait pourtant le contraire : Anabad, comme la politique internationale, illustrait un mensonge.

Un hélicoptère tournoyait au-dessus d'une colline. Puis un autre. Un troisième, un MI 24, énorme machine de guerre équipée de ses tubes de lance-roquettes, venait de piquer vers un hameau. Des roquettes à fragmentation explosaient. Un autre encore descendit brutalement vers le sol, avant de se stabiliser au ras des herbes. Des soldats sautèrent à terre en gueulant. Le MI 24 tira à nouveau vers le hameau pour couvrir l'arrivée des commandos. L'herbe se couchait sous le vent des pales. Ils étaient une vingtaine à courir vers quatre bicoques de terre sèche. Un berger tentait de rattraper ses chèvres épouvantées par cet orage. Il n'aurait pas dû s'affoler : les soldats abattaient déjà ses chèvres à la Kalachnikov. Le berger s'était enfui. Il avait été éliminé à son tour de plusieurs balles dans le dos. Le sang colorait sa chemise grise en lambeaux. Il était tombé face contre terre, sa terre et celle de ses ancêtres.

Qu'avait fait cet Afghan contre la révolution ? Putain de saloperie.

Comme une meute, les commandos avaient poursuivi leur course. Au hameau, ils avaient exécuté leur mission, accompli leur devoir, obéi aux ordres : ils avaient balancé des grenades par les portes et les fenêtres. Tiré, hystériques, la trouille au ventre. Ils avaient oublié ce qui leur faisait aimer les chansons, la beauté, le plaisir, leurs parents, leurs amoureuses. Il fallait remplir la mission et, surtout, sortir vivants de ce merdier. Le résultat s'affichait comme à la fin d'un match. Il n'y avait plus qu'à compter ceux qui demeuraient inertes, sans vie, pour savoir le nombre de ceux qui vivaient encore, si la mission avait été un succès ou non. Sans doute l'avait-elle été. Sur la place, une vingtaine de corps afghans avaient été traînés hors des maisons : corps d'hommes, de femmes, d'enfants. Ils gisaient, ensanglantés. On avait entendu des tirs, des explosions de grenades. Mais aucun cri.

Le silence tentait de revenir, troublé seulement par les hélicoptères qui bourdonnaient au-dessus des collines, guettant de nouvelles proies.

Plus tard, dans le champ, l'un d'eux s'était posé. Nikolaï chargeait les dépouilles des chèvres. Un ordre à exécuter.

Des brancardiers s'étaient pointés en gueulant. Ils transportaient un blessé qui hurlait, couvert de sang, les tripes à l'air. Ils étaient arrivés en courant, s'effondrant devant l'hélicoptère.

– Virez ces putains de salopes de chèvres ! Un fumier lui a ouvert le bide avec une faucille !

Nikolaï et les autres avaient balancé quelques chèvres par la porte. Le brancard avait été hissé au-dessus de celles qui restaient dans la carlingue. L'hélicoptère avait décollé.

Dans le ciel, bleu, le soleil brillait.

7

Les anciens se reconnaissaient à l'usure de leurs uniformes, avait dit Nikolaï. Malgré ses fautes de français, il savait se faire comprendre. Il avait le sens du récit, l'art d'ajouter des détails. Le mélange des temps, présent et passé, donnait un éclairage personnel à une réalité qu'il voulait partager. On lui avait enseigné le français à Kirjatch. Les Russes sont doués pour apprendre les langues étrangères. Sacré Nikolaï, qui chantait même en français.

Sous la tente-réfectoire certains prenaient des airs moqueurs. D'autres demeuraient silencieux et durs. Ils considéraient les nouveaux avec mépris, comme s'ils leur en voulaient d'être venus les rejoindre dans le bourbier de cette guerre honteuse. Nikolaï n'avait pas envie de se nourrir, plutôt de vomir. Besoin de rester seul, qu'on l'oublie.

Un gros soldat antipathique, qui s'appelait Mozg,

passait entre les tables, une soupière fumante entre les mains. Le gros porc chantonnait.

– Alors, blanc-bec, ça t'a plu l'air des montagnes ?

C'est ce qu'il avait dit, narquois et lâche, soutenu par une bande d'abrutis d'anciens qui s'esclaffaient en arrière-fond.

– Quand l'ancien parle, le nouveau répond !

Nikolaï se souvenait de la face flasque de Mozg et, le revoyant poser la soupière sur la table, il l'entendait encore, essoufflé par l'effort. Monstrueux colosse de plus de cent vingt kilos qui s'était fait muter à la cambuse une semaine sur deux pour entretenir sa graisse. Écœurant et stupide. Les autres ricanaient comme des cons. Nikolaï ne répondait pas. Il valait mieux se taire, dans ces cas-là. Le caïd s'était penché. Nikolaï s'en souvenait parce qu'il avait pensé lui mettre un coup de tête dans le menton. Imparable et redoutable. Le sadique serait tombé de tout son poids. Cette vision l'avait effleuré, mais il n'avait pas bougé. Mozg l'avait saisi par les cheveux, regardé dans les yeux et avait braillé un « Bienvenue chez les barges ! », pendant que les autres applaudissaient en se marrant. Il avait alors soulevé le couvercle de la soupière, et éclaté de son rire infect. Une tête de chèvre, au fond du récipient, observait Nikolaï. Il lui aurait bien foutu la gueule dedans à ce grand con. Les autres n'attendaient que ça. Lui aussi. C'était ainsi à la base et partout ailleurs dans l'armée soviétique. Avec ou sans chèvre, des délires de brutes et de sadiques.

Au cours de l'existence d'un être, il existe des espaces, disait Nikolaï, où les jours ne sont pas des jours mais des éternités. Peut-être que, songeant à l'improbable libération, on finissait par ne plus croire au temps qui passait ? En un lieu comme Anabad, avait-il remarqué, le temps n'était plus du temps mais du vide, un vertige. Ou l'impression d'un nulle part, d'un néant ? À présent, sa mémoire vivait le temps à l'envers. Étonnante mémoire qui restituait à sa conscience quantité de détails fixés à son insu.

Un matin, les soldats de l'armée gouvernementale, des Afghans habillés d'uniformes trop longs ou trop courts, crasseux, peu motivés par la discipline, ou ayant reçu trop peu de formation, étaient parvenus à s'aligner. Leurs visages avaient leur place dans la mémoire de Nikolaï. Celui, placide, fatigué, dont la bouche aux lèvres épaisses exprimait une moue nonchalante. L'autre, à la figure si maigre qu'on aurait dit un oiseau, la tête perchée au sommet d'un cou trop fin. Celui qui louchait. Le trop gras pour être un bon soldat. Combien étaient-ils ? Une cinquantaine. Il n'en avait oublié aucun.

Zanoviev se tenait devant eux, flanqué d'un interprète, son clone afghan, qui traduisait en dari chacun des mots de son maître avec la même intonation et des gestes identiques. L'officier gueulait, le clone gueulait. L'officier avançait de deux pas, le clone idem. L'officier était en colère. Le clone pestait :

– Trois désertions dans la nuit ! Inadmissible ! S'il y a encore des traîtres parmi vous, qu'ils m'écoutent et m'entendent...

L'interprète traduisait, d'un air menaçant. Un sous-officier s'approcha d'un soldat afghan, le tira par le revers de sa veste d'uniforme et lui flanqua une gifle qui l'envoya bouler à terre. L'homme se releva, essuya la poussière de son pantalon et de sa veste et reprit sa place dans le rang, sans moufter. Les Russes assistaient au spectacle.

– Vous êtes ici dans l'armée, avait hurlé l'officier. Si un seul d'entre vous rejoint les bandits, tous les autres seront fusillés !

Les Afghans regardaient l'officier avec une telle absence dans les yeux qu'on ne pouvait rien y lire. Peut-être, à force de subir, ne pensaient-ils plus ? Ils le haïssaient et se haïssaient eux-mêmes. Parmi la population afghane, certains les surnommaient les « tueurs de frères ». Eux non plus, pour la plupart, n'avaient pas choisi d'être là.

Comment, débarqué de Kirjatch qu'il n'avait jamais quittée, Nikolaï pouvait-il comprendre une situation aussi compliquée ? Comment savoir que l'armée gouvernementale afghane, aux ordres du gouvernement communiste afghan, enrôlait les jeunes du pays pour défendre une « révolution » censée apporter le progrès au peuple afghan... en les envoyant se battre auprès des Soviétiques, *camarades amis*, contre les leurs ? Saloperie ! Comment englober dans la conscience d'un jeune homme de vingt ans ce vice développé à grande échelle, celui-là même qui soumettait tant d'individus à l'absurde loi d'une guerre fratricide ?

Comment qualifier ce piège dans lequel ces hommes, Nikolaï inclus, se trouvaient englués ? Quelques jeunes communistes afghans avaient rêvé, un jour, de voir évoluer leur société. Peut-être s'étaient-ils sentis menacés par des islamistes ? Certains avaient eu la naïveté de croire en l'amitié de l'URSS. Drôle de grand frère ! Ils avaient compris, trop tard, qu'en politique cette amitié-là n'était que tactique et leurre. Après le coup d'État du 27 avril 1978, qui avait mis fin à la royauté et l'avait remplacé par un régime communiste mis en place par Moscou, ils auraient dû comprendre que la violence constituerait la seule réponse aux problèmes qui s'étaient succédé. Au cours de cette triste année, vingt-six mille personnalités afghanes avaient été arrêtées et assassinées. En mars 1979, la ville de Hérat, proche de la frontière iranienne, avait été bombardée par l'aviation soviétique. Plusieurs milliers de corps avaient été retirés des décombres. Un traité d'amitié, de coopération et de bon voisinage entre l'Afghanistan et l'URSS avait pourtant été signé le

5 décembre de l'année précédente. Trop tard pour réagir. Les Russes avaient assassiné ceux qu'ils ne pouvaient contrôler. Ils n'allaient pas en rester là.

Alors que l'Occident fêtait Noël, s'empiffrant, comme à son habitude, puisque la tradition le veut ainsi, d'huîtres, de foie gras et de chocolat, cent trente mille soldats russes avaient franchi la frontière afghane pour – version officielle – venir au secours du gouvernement communiste. Ce qui n'avait pas empêché des commandos soviétiques d'assassiner le président Hafizollah Amin, jugé pas assez docile, et de le remplacer par un certain Babrak Karmal, une marionnette aux ordres du grand frère. Et pendant qu'un peuple subissait le martyre, dans les coulisses, d'autres responsables politiques tissaient la toile d'une tragédie que l'Occident aveugle allait laisser se développer : des Américains, des Pakistanais, des Iraniens s'apprêtaient à attiser le feu, suivis, quelques années plus tard, des Saoudiens, des Égyptiens, des Algériens...

Au centre de la base, comme chaque matin, le drapeau soviétique flottait au gré du vent afghan. Jour après jour, éclairé par le soleil d'Asie centrale, ce rectangle rouge sang ressemblait à une tache sur fond de ciel lapis-lazuli, la pierre semi-précieuse de l'Afghanistan. De la poussière fine s'élevait en tourbillons et brûlait les yeux. Le capitaine, en beuglant, avait fait rompre les rangs.

Cet homme ne savait pas s'exprimer normalement. Avait-il été trop exposé aux tirs des chars et des canons ? L'interprète traduisait avec le même beuglement. Les soldats afghans, silencieux, soumis, les verts, comme disait Nikolaï, avaient filé vers leurs tentes sans regarder derrière eux. Tandis que Nikolaï et les nouveaux attendaient son discours, Zanoviev avait repris :

– Ces types sont des chiens ! Sachez-le, ne l'oubliez jamais ! Mettez-les toujours devant. Ça remplace les sacs de sable. Des chiens et des pédés ! Ils ont des frères ou des cousins chez ceux qui nous tirent sur la gueule. Vous ne saurez jamais si un Afghan ne va pas, un jour, vous décapsuler le cul ou la cervelle. Alors faites gaffe à vos miches.

Ce jour-là, Nikolaï avait vu des camions franchir le portail de la base. Une dizaine de véhicules étaient montés par l'allée centrale jusqu'à l'esplanade. Des hommes sales, mal rasés, éreintés, avaient sauté à terre, munis de leurs bardas de campagne, sur leurs treillis poussiéreux débraillés. Des brancards avaient été descendus, sur lesquels gisaient de jeunes soldats ensanglantés aussitôt transférés à l'infirmerie. Aucun des bleus n'avait ignoré les deux corps recouverts d'un tissu imprégné de sang et de boue, les visages masqués par le drap. Zanoviev avait fait rompre les rangs. Le sous-officier avait exécuté l'ordre. « On n'avait pas osé bouger, se souvenait Nikolaï. Il s'était produit un instant de silence dans lequel l'éternité s'était glissée. »

Les hommes, qui revenaient d'opération, n'avaient pas adressé un seul regard aux nouveaux. Ils s'étaient dispersés pour rejoindre leurs lits.

– Ce jour-là, j'ai cessé d'être seul, avait dit Nikolaï.

Un de ces hommes lui avait donné une claque dans le dos. C'était Vladimir, le Vladimir du quartier d'Octobre rouge, un garçon de Kirjatch. Un solide gaillard qui dégageait une bonhomie attachante malgré ses traits tirés. Sa peau était tannée par le soleil et sa barbe datait de plusieurs jours. La poussière qui le recouvrait lui avait collé un masque de momie. Il semblait dater de plusieurs années mais son sourire illuminait son visage. Ce type sympa était venu plusieurs fois écouter le rock de Nikolaï et de ses amis.

Les deux hommes s'étaient étreints et avaient ri. Sacré Vladimir, quelle rencontre !

– Eh, les gars ! s'est-il exclamé, en s'adressant à ses compagnons qui le suivaient. Venez voir. C'est un pote ! Le rocker des faubourgs de Kirjatch.

Les autres s'étaient avancés, intrigués.

– Une célébrité !

Nikolaï était gêné. Ce n'était pas son genre de se mettre en avant. Il avait pris Vladimir par le bras pour l'entraîner loin des autres. Un des soldats avait lâché avec mépris, en les regardant s'éloigner :

– Vaudrait mieux qu'il sache tâter de la kalach que de la mandoline !

Les soldats avaient ri en réintégrant leur tente. Vladimir avait fait sa grimace de clown. Nikolaï s'était alors souvenu de son rêve : Valoudia le clown ! Un brave mec qui rêvait d'être artiste. Il avait appris l'art du mime et souhaitait devenir clown. Nikolaï se rappelait la manière dont, en attendant, il faisait rire les nanas avec des grimaces impossibles.

Vladimir, clown dans l'âme, disposait de plusieurs tours dans son sac, comme de placer une cigarette entre la lèvre supérieure et le nez. D'un mouvement de tête, sans s'aider des mains, il parvenait à glisser la cigarette jusqu'entre ses lèvres, pour le bonheur de ceux qui s'amusaient du spectacle. Encouragé, il faisait disparaître des objets, les faisant réapparaître dans sa bouche ou sortir de ses oreilles. Il était drôle avec ses grimaces et ses tours. Durant quelques instants, les spectateurs, grâce à lui, redevenaient des gosses.

Nikolaï, qui ne l'avait pas tellement connu à Kirjatch, s'en était soudain senti très proche. Paradoxe : l'éloignement les avait rapprochés. En silence, ils avaient marché entre les tentes jusqu'à l'entrée du réfectoire.

– Ça va ? avait demandé Nikolaï.

– Comme un pauvre con qu'a pas compris ce qu'il faisait là...

Vladimir l'avait à nouveau pris dans ses bras d'athlète, heureux de l'avoir rencontré.

Plus tard, il lui avait demandé où il était affecté.

– Unité V2/35226. Transmissions, groupe de protection extérieure. On m'a dit que c'était peinard.

– Peinard !

Ça n'avait pas l'air d'être vrai.

– C'est ce pédé de Zanoviev qui t'a fait le coup de la casquette ?

Des soldats surgissaient. C'était l'heure du déjeuner. En pénétrant sous la tente avec les autres, Nikolaï croisa le regard de Mozg. À côté de Vladimir, il ne faisait pas le malin, ce fumier. Il restait discret. Installés à une table, les deux amis avaient repris leur conversation. Vladimir avait sorti une gourde d'une des poches de son treillis.

– Vodka afghane !

Une saloperie liquide comme on en fabrique dans les campagnes de Russie. Nikolaï en avait bu une lampée et avait grimacé.

– Dégueulasse !

Vladimir avait saisi le flacon, et s'en était envoyé une rinçade à même le goulot, avant de lui en servir une nouvelle dose.

– Bois ! À la troisième gorgée, on fait plus attention. Tu devineras jamais avec quoi on fabrique cette merde !

– De l'alcool à brûler ? Du mazout ?

– Sucre, cirage et pelures de patates.

Inventifs, les Russes !

– Ça vidange les tripes et te plante des étoiles dans la cervelle.

Ils avaient vidé la gourde en buvant au pays.

– À la patrie !

– Aux filles !

– À leur cul !

Vladimir, depuis bientôt sept mois, était de ceux qui avaient participé à l'offensive pour prendre position dans cette vallée, territoire de l'ennemi numéro un, un certain Massoud. Un type redoutable qui leur rendait la tâche chaque jour plus dangereuse.

Avec des moyens de fortune, ce contre-révolutionnaire avait levé une armée de paysans. Ces diables d'Afghans ne reculaient pas. Ils harcelaient les troupes soviétiques comme des moustiques, sans relâche, surtout la nuit.

– Dis-moi, Vladouchka, tu connais des planques ?

Vladimir avait souri.

– Ici, la seule putain de planque, c'est la morgue. Réservée aux pistonnés.

– T'es con !

– Non, je déconne pas. Ici, tout le monde est volontaire pour s'occuper des morts. Comme ça, t'es pas envoyé en opération. Suffit de remplir les cercueils de zinc avec des morceaux de cadavres, ou avec du sable, quand il ne reste rien. Et de les amener aux Tulipes noires.

– Tulipes noires ?

– Ouais, à Kaboul, les avions qui emportent les putains de cercueils vers la patrie.

Le silence était revenu. Dans sa mémoire, le brouhaha des autres, dans le réfectoire, n'existait pas. Seul le silence avait résisté au temps, comme une bulle qui les aurait préservés, lui et Vladimir.

– Qu'est-ce qu'on fout là ?

– Des superbalades dans la montagne.

– C'est comment ?

Vladimir, le grand gaillard qui respirait tant la force, cette brute au regard doux, hésita, se crispa, alluma une cigarette, aspira la fumée à en perdre le souffle et s'approcha de Nikolaï, la tête sur les paumes de ses mains, coudes sur la table, pour le regarder dans les yeux. Il avait murmuré en parlant doucement :

– Plus crade que tu pourrais l'imaginer.

– Raconte !

Vladimir avait sorti une autre gourde de son treillis. Après avoir dévissé le bouchon, il s'était envoyé une nouvelle gorgée de son poison.

– Évite de faire partie des convois de ravitaillement. Corvée de postes égale corvée de merde ! Essaie d'y échapper.

– Comment ?

– Fais-toi recruter pour les autres corvées, pas pour

celle-là. Les tueurs sont cachés derrière leurs rochers. T'es dans ta tôle, une roquette et t'es plus qu'un ragoût de tripes. T'es leur cible, putain !

Vladimir avait fermé les yeux. Ses mots devenaient presque inaudibles, comme s'il retenait son souffle. Il était sorti indemne d'une embuscade. Indemne mais couvert de la chair et du sang de ses compagnons. Des traces indélébiles.

Il s'exprimait avec une telle intensité que Nikolaï se voyait déjà embarqué dans un convoi de véhicules blindés avançant lentement sur une route étroite, qui serpentait entre falaise et précipice. Il se protégeait déjà des nuages de poussière qui enveloppaient les soldats. Il entendait les claquements des chenilles écrasant la terre et les cailloux, le ronflement des moteurs. Il en arrivait presque à ressentir la chaleur et il voyait les visages tendus des hommes aux aguets. Il imaginait même la peur, leur peur, bientôt sa peur. La sienne. Cette tension. Vladimir poursuivait, d'une voix cassée :

– T'arrêtes pas de regarder ces rochers. Tu les bouffes avec les yeux, leurs saloperies de cailloux. T'as plus qu'à penser à autre chose. Si t'y arrives, t'es vraiment fortiche !

Il buvait encore. Nikolaï crut entendre les hoquets d'un moteur qui peinait. Il ne fallait jamais caler. Un véhicule stoppé c'était une cible de plus pour les tueurs, les salauds, les fumiers.

– Penser à autre chose qu'à ta peau, dans des moments comme ceux-là, expliquait Valoudia, c'est pas à la portée de n'importe quel mec.

Nikolaï surprit sa grimace au moment où il rouvrit les yeux.

– Entends-le, mon ami : les types d'en face sont des monstres. S'ils te prennent, ils te découpent en morceaux. C'est le supplice du gilet. Ils te laissent que le tronc. Des fanatiques qui attaquent là où personne ne s'aventurerait à risquer un assaut. Mais eux, y vont. Tu comprends, ils le font !

– Putain d'Américains !

Vladimir avait dévisagé Nikolaï, surpris.

– Conneries, tout ça ! avait-il dit en souriant, ironique et moqueur.

Les explications de Vladimir étaient celles de la troupe. Mais il avait sa manière de formuler les choses :

– Comme si tu trouvais du caviar dans tes boîtes de ration ! Y a pas plus d'Américains dans ces montagnes que de putes pour te sucer la balalaïka ! Y sont pas cons comme nous ! Ils envoient leurs armes aux barbus. Ils aident des gens comme Gulbuddine Hekmatyar, la pire de toutes ces crapules.

On ne dévoilait rien aux soldats. Ils glanaient des informations où ils pouvaient en décrocher. Du moins, ceux qui en désiraient. La plupart avaient abandonné l'envie de savoir ou de comprendre. Ils ne pensaient qu'à revenir vivants à la maison. L'instant des retrouvailles effacerait l'horreur de la situation. D'un sourire, Vladimir avait chassé ces histoires.

– Fais-moi un cadeau ! Chante-nous une chanson. Une chanson de chez nous.

Depuis qu'il logeait dans ce lieu maudit, Nikolaï n'avait plus le cœur à chanter. Il n'avait rien à foutre de cette guerre. Comme les autres, il était saisi par l'angoisse d'y mourir, de ne plus retrouver ses amis de Kirjatch, sa patrie qu'il se fichait de défendre ici. Le mensonge de l'intervention soviétique imprégnait le pion qu'il était devenu sans le savoir. Rien n'allait lui permettre de s'accrocher à ce qui pourrait ressembler à de la justice. Rien qui permette l'espoir de sortir grandi de telles épreuves.

– Pas envie de chanter, pas envie de chanter, répétait Nikolaï. Envie de fuir.

Vladimir, saoul, insistait :

– Chante, je te dis ! C'est le seul moyen de se barrer de là. Chante, rêve, avant que les restes de ton corps ne repartent dans les Tulipes !

Nikolaï avait fredonné une chanson triste. Les yeux clos, Vladimir avait écouté pour s'évader. On aurait dit qu'il s'accrochait à chaque note.

Au réfectoire, les tables s'étaient vidées au fur et à mesure des appels. Lorsque Nikolaï s'était tu, Vladimir s'était levé et avait porté un toast devant les derniers soldats qui finissaient de nettoyer les tables.

– Au peuple afghan qu'on aide à faire sa révolution !

Il riait. Les autres aussi.

– À ce peuple, qui nous chie à la gueule !

Il murmura plus bas, en se rasseyant :

– Au camarade Brejnev et à sa clique ! Ouais, mon pote, tu peux y aller de ta tristesse et de ta colère ! Notre Kirjatch est plus loin que Jupiter.

8

Dortoir numéro 4, quartier ouest. Nikolaï n'avait pas oublié les lits alignés que chacun occupait à sa manière. Certains lisaient, d'autres réparaient leurs uniformes, quelques-uns dormaient. Assis sur son lit, torse nu, le clope au bec, un militaire fredonnait, pour lui-même, une chanson nostalgique : « Votre Majesté, la chance n'est pas au rendez-vous pour mourir, ni pour vivre, ni pour aimer... » Un soldat lui demanda de la fermer. Il n'entendit pas, il était ailleurs. Une godasse lui arriva en pleine figure. Il y eut une bagarre. Le pauvre chanteur se fit assommer à coups de croquenot. Dans le lit d'en face, le voisin de lit de Nikolaï s'était réveillé tout habillé, avec la gueule de bois. Boris, le copain bègue, avec son expression d'oiseau tombé du nid.

– Bordel, c'est-c'est fou-fou ce que je-je peux être allergique au-au cuir ! avait-il dit d'une voix pâteuse.

Nikolaï l'avait regardé émerger de son lit tel un somnambule, bottes aux pieds.

– Allergique au cuir ?

– Ouais, chaque fois que je me ré-réveille les godasses aux pieds dans mon lit, j'ai-j'ai mal à la tête !

Drôle de gars, ce Boris.

Le vaguemestre avait distribué le courrier. Ils ne recevaient pas souvent des nouvelles de chez eux. Pour la première fois, Nikolaï avait reçu une lettre. Souvenir précis, souvenir honteux. Installé sur son lit, il avait allumé une cigarette, et fixé longtemps l'enveloppe ouverte par la censure militaire. Une enveloppe longue, couverte d'une écriture qu'il connaissait bien. Il réalluma une cigarette lorsque la première fut partie en fumée. Il n'était pas pressé : ce jour-là, il n'avait pas de service à prendre. La lettre était datée d'août 1984. Il la lut lentement comme si elle ne lui était pas adressée, hésita un instant, avant de la déchirer en jurant. Boris n'en revenait pas.

– Tu sais ce qu'elle écrit, ma vieille ?

L'autre lui fit signe que non.

– Elle regrette que je sois là, maintenant.

– Elle veut-veut être gen-gentille.

– C'est avant qu'il fallait l'être !

Le pauvre Boris prit un air malheureux.

– Elle, au moins, elle te-te donne des nouvelles. Si t'en veux pas, donne-la-m-moi, ta lettre !

Nikolaï avait haussé les épaules, ramassé les fragments de papier et les lui avait tendus.

En direction des hauteurs de la vallée du Panjshir, après le village que les Afghans nomment Datch-Riwat, la montagne se resserre autour du fleuve qu'elle transforme en torrent. À certains endroits, les parois sont si impressionnantes qu'elles attirent le regard, obligeant le marcheur à basculer la tête en arrière. La découpe des cimes apparaît comme les dents d'un monstre. Un chemin de terre, de cailloux et de poussière serpente jusqu'au village suivant, celui-là même qu'un officier de renseignements avait pourvu d'un nom de code. L'objectif !

Trois véhicules blindés, suivis de six camions Oural, dont trois vides, étaient parvenus sur la place du village d'où partaient quelques ruelles autour desquelles se dressaient de petites maisons de terre et de bois, aux toits plats encombrés d'empilements de fagots et de bouses de vache séchées, les réserves d'hiver.

Un officier de l'armée régulière afghane sauta à terre, porte-voix à la main. Il s'adressa en dari aux villageois restés cachés dans leurs maisons.

– Le service militaire est un devoir ! criait-il. Conformément à la loi, les hommes valides sont appelés à se présenter !

Pendant qu'il répétait son annonce, les soldats

s'étaient répartis en plusieurs groupes et disparaissaient dans les ruelles, afin de rassembler les villageois sur la place, de force s'il le fallait.

– Nos amis soviétiques, gueulait l'officier de propagande afghan, sont là pour nous défendre contre les bandits, pour notre bien à tous. Les hommes doivent s'engager dans l'armée pour assurer la paix ! Si votre village collabore, vos femmes et vos enfants recevront du blé, des semences, du sucre, la visite d'un docteur et d'un vétérinaire.

Tandis que les soldats fouillaient les maisons, on entendait des femmes crier. La tension montait. Les gamins qui entouraient les militaires agitaient leurs lance-pierres, s'efforçant de ralentir les soldats en obstruant les portes de leurs petits corps sales.

Nikolaï n'avait pas compris pourquoi on les avait amenés dans ce village. Vladimir lui avait précisé que l'armée gouvernementale afghane, à la solde du régime communiste afghan, fournissait la chair à canon des premières lignes. Comment aurait-il su que, dans chaque village de chacune des provinces d'Afghanistan, des officiers de l'armée afghane recrutaient ainsi, de gré ou de force, les jeunes en âge d'être soldats ? À cette époque, en Afghanistan, le service militaire revenait, pour les Afghans, à être contraint de faire la guerre contre des frères.

Nikolaï avait eu comme un pressentiment. Une opération de routine, leur avait-on expliqué à la base.

Opération de routine et spectacle terrifiant : un Afghan demandait à ses frères de se livrer à des étrangers pour aller tuer leur peuple. Ce n'était pas pour rien qu'un silence impressionnant avait répondu aux paroles du mégaphone. Vladimir était présent. Et l'autre, aussi, le salopard...

Le capitaine avait donné l'ordre d'activer les choses, comme il disait, faire sortir les hommes et les femmes de leurs maisons. Par petits groupes, les soldats soviétiques étaient allés secouer les soldats afghans qui n'osaient pas pénétrer dans les pièces des femmes.

Un groupe de Soviétiques venait de s'introduire dans l'une des maisons. Trois femmes hurlaient, leurs jeunes enfants affolés serrés contre leurs robes. Les soldats en avaient saisi deux qui se débattaient. Empêtrés avec leurs armes, les militaires les avaient laissées s'échapper sous les yeux de Nikolaï posté aux aguets dans la ruelle. Personne n'aime entendre hurler. Ici, les Afghans étaient plus dangereux qu'ailleurs.

Sur la place du village, une vingtaine de jeunes villageois étaient maintenus alignés devant les camions sous la menace des armes. La plupart des femmes, protégées par leurs tchadris bleus, demeuraient à l'écart avec les vieillards et les enfants. L'officier afghan interrogeait ses compatriotes, les toisant avec arrogance.

– Ton âge ?

– Quarante-cinq, quarante-six, quarante-sept ans, répondit l'homme, hésitant, inquiet.

L'officier le gifla.

– Menteur !

L'homme, fier, avait encaissé le coup sans sourciller. Son regard avait tenté de s'emparer de celui qui venait de l'agresser.

– Dieu seul sait mon âge !

L'officier attrapa l'homme, le projetant vers un des camions à coups de pied dans les reins.

– Embarquez-moi ça ! beugla-t-il en russe.

Il poursuivait son interrogatoire avec les jeunes gens que les soldats venaient de conduire sur la place. Les moins âgés suivaient le chemin du premier, avec ou sans violence, contraints d'aller s'asseoir dans un camion. Ils n'avaient sur eux que leurs vêtements. Ils se taisaient, de peur de prendre des coups.

Nikolaï se trouvait devant la maison d'où les trois femmes avaient été arrachées. Il entendait des cris. Une autre femme.

« Je ne sais plus alors, disait Nikolaï, ce qui s'est passé exactement. »

Il avait enfoncé de l'épaule une porte en bois mal engoncée. De ça, il était certain. Son regard avait mis un certain temps à distinguer ce qui se passait dans cette pièce sombre : deux corps roulant l'un sur l'autre et se frappant. Mozg ! Mozg qui tentait de violer une Afghane. Comment tout avait-il eu lieu ? Nikolaï avait bousculé Mozg. C'est sûr. Il avait crié et poussé ce gros porc qui l'avait envoyé valdinguer contre le mur. Nikolaï était revenu à la charge. On ne pouvait pas commettre cette saloperie. On ne pouvait pas...

– Viens plutôt m'aider, connard ! avait gueulé la brute qui s'efforçait d'écarter les jambes de la femme tout en arrachant ses vêtements.

Nikolaï avait attrapé Mozg par le cou mais celui-ci, plus fort, s'était dégagé. Les actes s'étaient alors enchaînés dans une telle confusion qu'il était incapable de savoir exactement comment la scène s'était déroulée. Il se souvenait d'un Mozg énorme, puissant, rendu fou. Des cris. De Mozg et de la femme. Nikolaï revint sur lui au moment où la femme, s'étant dégagée, avait saisi un couteau qu'elle avait planté dans le corps de son agresseur. Mozg, dans un râle sourd, s'était affaissé, puis avait roulé sur le sol. Que s'était-il vraiment passé ?

La femme avait alors menacé Nikolaï de son couteau, le tenant à la main, puis le retournant vers elle comme pour se donner la mort. Nikolaï se souvenait de son regard, de cette supplique. Comment oublier ? Il avait baissé son arme vers le sol et fait signe à la femme de s'enfuir.

– Va-t'en, disait Nikolaï, montrant la porte qui ouvrait sur la ruelle.

Dissimulée derrière des bottes de paille, une jeune fille, tremblante, avait observé la scène : Mozg étendu sur le sol, mort. La femme qui venait de s'enfuir. Elle avait vu Nikolaï prendre les jambes du grand soldat, tenter de le tirer vers la porte. Le reposer, incapable de déplacer cette masse. Par la porte du jardin, la petite fille, telle une souris, s'était enfuie sans être vue.

Dehors, des cris, des ordres hurlés, des bruits de cavalcade.

Si Vladimir n'était pas arrivé à ce moment-là, le drame aurait fini au tribunal militaire. Le grand frère avait compris. Nikolaï n'oublierait jamais le regard de son ami lorsqu'il avait aperçu Mozg au sol.

– Violeur de femme ! avait murmuré Nikolaï dans un souffle de panique.

Vladimir avait aussitôt déclaré :

– C'est un salaud de contre-révolutionnaire qui l'a poignardé.

D'autres soldats étaient venus et avaient emporté le corps. Nikolaï et Vladimir étaient restés un moment dans la ruelle, sans dire un mot, sans même se regarder, puis ils avaient couru vers la place du village.

Zanoviev les avait interrogés de ses yeux de dingue.

– Qu'est-ce que c'est que ce bordel ?

– Il est mort, capitaine, avait répondu Vladimir.

– Comment ?

Nikolaï y était allé de sa version :

– Dans une maison. J'ai entendu une femme hurler. Quand je suis entré, le soldat Mozg était mort. Il n'y avait plus personne.

Vladimir avait confirmé :

– Il n'y avait personne, capitaine !

Zanoviev avait fait signe de porter le brancard dans l'un des camions puis s'était approché de l'officier afghan et lui avait parlé à l'oreille. Celui-ci avait eu l'air effrayé. L'Afghan était aussitôt monté par la ruelle afin d'inspecter le lieu du crime.

Sur la place, la tension était forte. Les villageois étaient immobiles. Impuissants, tenus en respect par les soldats, ils assistaient à l'évolution de cette nouvelle tragédie. Personne n'osait parler. Le capitaine, lui, allait et venait devant cette foule, avec sa tête de fou, ses bottes frappant la poussière.

Cinq minutes plus tard, l'officier afghan était revenu. Il s'était directement dirigé vers les habitants du village. Et les choses s'étaient mal passées.

Les yeux révulsés, il avait demandé qui logeait dans les maisons mitoyennes de celle du crime. Personne n'avait bougé. L'officier avait alors saisi un enfant par le bras et lui avait demandé de désigner ceux qui habitaient les maisons de la ruelle qui montait. L'enfant avait hésité. Il était petit. De la morve lui coulait du nez. Ses vêtements étaient noirs de crasse et de suie. Son visage terreux ne laissait pas deviner la couleur de sa peau. Il était coiffé d'un bonnet aux couleurs joyeuses. Il était terrorisé. D'un doigt, devant l'insistance de l'homme en uniforme qui l'intimidait, il avait désigné une femme et un vieil homme à la barbe blanche. La femme, tremblante, s'était recroquevillée dans les plis de son tchadri bleu. Le vieillard, lui, avait toisé le gradé. Il avait tenu un temps son regard dans le sien, entre Afghans, puis avait baissé la tête en murmurant :

– Pourquoi nous persécutes-tu, mon frère ?

L'officier afghan avait tourné la tête vers le capitaine soviétique. On l'avait vu dégainer son pistolet et abattre l'homme, de sang-froid, d'une balle dans la tête. Une balle.

Le capitaine Zanoviev avait alors tourné les talons et donné l'ordre de quitter les lieux.

« On est repartis comme des voleurs », se souvenait Nikolaï.

Sur la route serpentant à travers les gorges, passé la sortie du village, le convoi avançait avec lenteur. Les tanks de l'escorte crachaient leurs fumées. Le vacarme de leurs moteurs et le cliquetis de leurs chenilles, ajoutés à leurs masses, faisaient trembler la terre. Les camions, chargés de grappes humaines, oscillaient d'un nid-de-poule à l'autre. À l'endroit où un ruisseau traversait la piste, l'écart entre les montagnes devint plus vaste.

Soudain le blindé de tête s'embrasa, touché de plein fouet par une roquette. Dissimulés derrière les rochers, les moudjahidin tiraient. Au milieu des flammes, le blindé bloquait la colonne. De tous les véhicules, les soldats sautèrent à terre pour riposter.

Nikolaï se souvenait des rubans de balles qu'un copain servait avec frénésie à une mitrailleuse, des visages affolés, de la peur, de la difficulté à localiser l'ennemi. Zanoviev, lui, avait gueulé un ordre. Son radio criait dans son poste, donnant la position, demandant un appui aérien. Un homme se dressa, poussa un cri et tournoya, les bras en l'air. Il n'avait plus de tête. Des blessés gémissaient, sous des tirs nourris. Zanoviev gueula de cesser le feu. Les tirs s'estompèrent. Personne n'osait se regarder pour ne pas voir la peur de l'autre, intense, sauvage, inattendue. Un silence s'établit, déchiré par les râles des blessés. Les moudjahidin qui avaient lancé l'attaque venaient de disparaître dans les montagnes. C'était la guerre.

« Que la nature est belle et grandiose ! » avait pensé Nikolaï en regardant l'immensité.

Plus bas, dans les flots verts du fleuve Panjshir, où, par endroits, s'emballe le courant, parmi les plis et les tourbillons d'écume, le voile d'une des femmes qui avaient fui les soldats avait flotté un temps, au fil de l'eau. On ne voyait que lui, accroché à des branchages. La guerre.

Plus tard, les corps des femmes qui s'étaient noyées pour sauver leur honneur reposaient sur le sol, couverts d'un tissu blanc, à côté des fosses creusées dans une terre rocailleuse. Villageois et moudjahidin se tenaient debout, graves et silencieux. Plus loin, un groupe de femmes fondait en pleurs. La prière d'un mollawi s'élevait pour rejoindre la plainte du vent. La poussière enveloppait le village d'un linceul. La nuit tombait, dernière nuit pour la plupart des villageois. Dans le ciel, très haut, un grondement d'orage entourait quatre Sukhoï. Les bombardiers !

9

La tente-réfectoire s'agitait sous le vent. Sur la toile, des vagues se formaient. De l'intérieur, on aurait dit une mer renversée. Nikolaï était saoul. Sa tête tournait devant ces vagues qui ne se fracassaient jamais. Vladimir lui avait servi sa vodka maison. Ils avaient fumé des joints afghans, du hasch mélangé à de l'opium. Rien de mieux pour débusquer des rires et oublier l'horreur.

Boris se parlait à lui-même, pleurant et riant en même temps, débraillé, affalé sur une table. Monologue d'un fou.

– Un salopard a buté ce gros c-con de Mozg. Nos avions ont flambé le village.

Dans la tête de ce pauvre gars, l'homme à la tête arrachée tournait, encore et encore, comme une toupie éclaboussée de sang.

Nikolaï se souvenait de cette soirée, ivre de tourments. Vladimir, ce grand frère bienveillant, était assis face à lui. Il ressemblait à un ange, un ange qui le regardait avec affection et tendresse. Nikolaï ressentait une sensation d'abandon, une tristesse profonde, mais douce. D'épaisses larmes avaient roulé au long de ses joues. Ses doigts y avaient trempé. Il avait alors dit à l'ange :

– Valoudia, c'est pas du sang, mais des larmes.

– Tais-toi ! avait répondu Vladimir.

Nikolaï se souvenait d'avoir été traversé par un désir fulgurant de mettre fin à tout. Désir de fuir, de croire la fuite facile, unique solution à tous ces drames. Il s'était levé, déterminé à rejoindre la porte du camp pour s'en aller au diable. Vladimir l'avait stoppé dans son élan et remis sur sa chaise.

– Valoudia, si on chantait, les larmes s'arrêteraient ?

– Tais-toi !

Vladimir avait porté un toast.

Debout, accroché à la table, raide comme un piquet, il avait clamé :

– Aux rêveurs ! À Brodsky !

Brodsky, un immense poète russe, avait expliqué Nikolaï. Brodsky, peu connu en Occident, dont longtemps, en URSS, après qu'il eut perdu sa citoyenneté soviétique, on se passait les poèmes sous le manteau. *Samizdat.* Ses poèmes recopiés à la main, appris par cœur comme des secrets.

Vladimir récita les vers de Brodsky qu'il portait en lui, sans élever la voix, hésitant parfois, à la recherche de ses mots.

Batailles sans fin,
assauts à l'aube,
les balles ne savaient plus chanter
et nous criaient :
« L'immortalité vous attend. »
Mais nous voulions seulement
revenir vivants.
Pardon.

Il chercha la suite, avala une lampée. Boris éclata en sanglots.

Nos cœurs bondissaient,
ruaient, écumaient comme des chevaux fusillés à bout portant...
Dites là-bas qu'on ne nous réveille plus.
Ne laissez rien troubler nos rêves.
Qu'importe si nous n'avons pas triomphé,
qu'importe si nous ne sommes jamais revenus.

– C'est beau, Valoudia !

Ce poète avait été envoyé en relégation par le camarade Khrouchtchev, puis exclu parce que son inspiration ne connaissait pas de frontières. Après avoir survécu en Sibérie, il avait été chassé de sa patrie et vivait en Amérique, à New York. Joseph Brodsky, loin de chez lui mais toujours dans son monde russe, disait que sa langue était comme la capsule d'un cosmonaute : celui qui voyageait avec elle se sentait partout à la maison...

Valoudia leva son verre et porta un toast.

– À Brodsky qui a écrit : « Les verbes m'entourent dans le silence comme des visages d'étrangers, verbes affamés et verbes nus, verbes qui vivent dans les caves, parlent dans les caves, naissent dans les caves, sous les étages indécis de l'optimisme universel. »

Le corps de Mozg était parti vers Kaboul, dans l'hélicoptère qui apportait les munitions et les vivres deux fois par semaine. Pour Nikolaï, les jours n'étaient plus des jours tant ils ressemblaient à des plaintes. Ses nuits étaient habitées de cauchemars, mais il était en vie. Que demander de plus ?

Les corvées se répétaient, avec monotonie. Les temps de la peur succédaient aux temps du vide et du rien. Vide, honte, vertige, ennui. La guerre.

À la base d'Anabad, les soldats passaient leur temps à nettoyer leurs fusils et attendre l'ordre de s'en servir. Que faire d'autre ? Entre les missions de recherche d'un ennemi trop souvent invisible, des soldats jouaient aux cartes. Tous buvaient et fumaient, bavardaient sans cesse pour éviter les silences, tuer le vide qui aurait pu les envahir, faisaient tout pour retenir la nostalgie hors d'eux, la gommer, la nier. Certains faisaient circuler pour la énième fois des photos de leurs femmes, fiancées, épouses, amies, copines, sans se rendre compte que personne ne les regardait vraiment. Cela semblait si loin ! Comme si les femmes appartenaient à une autre planète. Ils étaient seuls ensemble.

Au cours de ses cauchemars, racontait Nikolaï, naissaient des lumières irréelles. Souvent, au-delà d'un muret de pierres, il apercevait une poignée de soldats russes, coiffés de leurs chapkas, sur qui on tirait à la Kalachnikov dont les rafales meurtrissaient ses tympans. Des obus de mortier tombaient autour. Un cri, venu de la montagne, se transformait en clameur. Des Afghans, dévalant les pentes, scandaient : « Allah Akbar ! » Alignées derrière le muret dérisoire, les têtes des soldats russes qui ripostaient explosaient, les unes après les autres, comme autant de fourreaux de pipe à la fête foraine. Nikolaï se trouvait là, dernier survivant. Il poussa un hurlement, se réveilla en sueur dans le dortoir silencieux.

Une nuit, Boris l'avait regardé avec gentillesse.

– T'as en-encore appelé ta maman...

Par l'ouverture de la tente, la nuit : obscurité hachée de traînées blanchâtres par les projecteurs des miradors de l'enceinte montant la garde.

Cette nuit encore, il avait vécu de nouveau ce cauchemar dont les variantes le prenaient par surprise.

Dans la nuit, le lit de Nikolaï flottait parfois sur des braises. Il se réveilla, une fois de plus, pour se retrouver assis sur son lit de bois et de toile, en sueur. Ses camarades ronflaient, d'autres toussaient. Au loin, deux explosions ravageaient l'espace apparemment tranquille de sa nuit. Explosions, guerre. Calme. Explosions à nouveau. Au loin, un appel à la prière, comme un murmure porté par le vent, plainte chevauchant le silence de l'aube qui allait poindre. Encore un jour.

La montagne faisait souffrir, disait Nikolaï. Un jour, sur une ligne de crête, des silhouettes couraient, pliées en deux. On tirait. Il se souvenait de ces cibles dangereuses qu'il ne fallait pas rater. Autour de lui grondaient les moteurs des blindés positionnés en épi. Les tourelles se déplaçaient, se calaient. Des tirs ébranlaient l'air, comme une fin du monde. Folie. Dans un blindé, un type braillait à la radio ses coordonnées à l'aviation.

– Bordel, qu'ils se grouillent !

Un officier arriva en gueulant. À la guerre, soit on se tait, soit on hurle. On n'entendit pas l'officier car, au même moment, des scarabées volants entourés de flammes surgirent de l'autre côté des montagnes. Les hélicoptères de combat MI 24. Roquettes qui explosent. Hurlements de joie des soldats.

– On a eu ces salauds, ceux qui couraient là-haut, ces fumiers de fumiers ! Des monstres, les bandits, les contre-révolutionnaires ! L'ennemi.

À un moment ou à un autre, confiait Nikolaï, les batailles finissent par s'achever. Étrangement, cette violence accouche alors d'un calme anormal, forcé, sans rires ni cris d'enfants, sans aboiements de chiens, sans chant de coqs ni d'oiseaux. Juste le murmure du vent et le bruit des cailloux qu'écrasaient bottes des soldats et chenilles de blindés. Au loin, les hélicoptères maraudaient tandis que les hommes regagnaient leur base, soulagés d'en être encore sortis.

« Le soir, on revenait toujours au camp, expliquait Nikolaï. On avait rarement les moyens de poursuivre les combats. Les nuits étaient trop meurtrières. Ces diables d'Afghans surgissaient de nulle part, frappaient avant de disparaître dans les ténèbres. Généralement, la radio était en panne. On attendait des munitions. Lorsqu'on avait eu peur, qu'on avait été témoin de ce qu'il ne faudrait jamais voir, on buvait, s'éclatant la gueule avec ce qu'on trouvait : vodka maison, joints, opium, haschisch, héroïne pour les veinards. À la guerre, n'importe quoi survient, surtout le pire : devenir un homme qui ne respecte plus l'homme. Lorsque le sang a coulé, on a vu des tueurs se suicider, souvent sans en avoir conscience. À la folie, il n'y a plus de limites. On se saoule dans un vertige. On dégringole. C'est sale. Moche. Absurde. Pire que le pire. Quand les hommes deviennent sauvages, s'ils ne se font pas honte, ils se nient parce qu'ils sont devenus des monstres, certains sans le savoir. »

Au dortoir, des types faisaient des bras de fer au-dessus de bougies. Un jeu de brutes pour sadiques et masos. Des spectateurs formaient un cercle et les encourageaient, jusqu'à ce qu'un des mecs écrase le poing de son adversaire sur une flamme. Ils étaient contents. Nikolaï pouvait décrire les scènes qu'il avait vécues. Il n'avait jamais pris part à ce genre de débilité. Il restait à fumer en observant ces fauves de loin. Il se sentait d'« *ailleurs* ». Parfois l'air d'une chanson lui revenait, à travers les beuglements des autres. C'était dans sa tête !

Un soir, Vladimir avait bluffé la chambrée en gardant l'équilibre sur un avant-bras, main posée sur la table, corps parallèle au sol. Fortiche, Vladimir ! Pauvre Valoudia. Lui qui percevait ce que la tête de Nikolaï tentait de préparer.

– Si on déserte, on est morts !

– On est déjà morts, répondit Nikolaï. Je voulais être chanteur, pas tueur. Et toi, clown, Valoudia, clown !

Une image : Vladimir et lui, fumant un joint à s'en brûler les lèvres, assis sur le lit comme sur une île. Deux rescapés d'un naufrage. Autour, l'océan vaste, sans limite, de la connerie humaine.

Des jours qui ressemblaient à d'autres. Jours rouges. Jours jaunes. Jours vides. Nuits blanches. Certains instants paraissaient durer des années. D'autres se consumaient en fractions de seconde. Dans l'attente de quitter cet enfer, le temps semblait sans bornes, sans repères. Ceux qui quittaient enfin la base avaient l'impression d'y avoir débarqué hier. Quitter la base ! Certains comptaient les jours comme des grains de chapelet. Pour Nikolaï, c'était encore si loin qu'il avait renoncé à devenir le comptable de son espoir. Cette impression l'avait marqué au point d'y revenir souvent en pensée. La conscience se joue du temps, comprime étrangement la valeur des vies ou la dissout en une négation informelle. Le temps saucissonné par les hommes n'offre d'illusions que par sa régularité de métronome. Pour se rassurer, la vie terrestre propose des saisons aux contours vaguement définis, non des secondes, des minutes ou des heures. Certains événements tiennent une place qui trompe l'addition jusqu'à se fondre en éternité. Nikolaï mettrait un certain temps à trouver la force de raconter le nouveau drame.

Au retour d'une mission, il se souvenait de l'expression du militaire qui lui avait conseillé d'aller voir à l'hôpital. L'hôpital !

La différence avec une porcherie, disait-il, c'est que les cochons étaient remplacés par des blessés. Ça sentait l'éther, puait la merde, la crasse et la pisse.

Vladimir, le grand gaillard, l'attendait, allongé. Nikolaï lui avait caressé le visage. Visage d'ange triste. Vladimir le costaud, détruit avec son rêve de clown !

Les salopards ! Sorti vivant d'une embuscade de trop, dans les montagnes, celles qu'ils voyaient noires, on avait dû l'amputer des deux bras. Vladimir amputé, diminué, brisé. Chirurgie de guerre. À la russe. À l'image de la société soviétique, dissimulée aux yeux du monde, rustique, violente, de masse. Le visage de Vladimir reflétait la souffrance et ses efforts pour ne pas la montrer. Pauvre visage couvert de plaies. Déjà un autre.

– Qu'aurais-tu fait, toi, devant ton ami assassiné ?

Nikolaï revoyait Vladimir s'efforcer de lui sourire. Il s'était mis à pleurer. Silencieusement. Que dire à un homme qui n'a plus de bras ? Il avait fondu en larmes sans l'avoir voulu. Il se forçait à revivre ce souvenir comme pour guérir de cette douleur. Une parmi d'autres. Vladimir et ses tours de magie. Vladimir et sa force de tenir sur un bras, corps parallèle au sol. Vladimir qu'on respectait. Même plus un bras ! Plus rien pour serrer contre lui sa mère, ses sœurs, ses fiancées. Valoudia.

Longtemps les deux hommes étaient demeurés silencieux. Le silence était leur refuge. La perfusion, elle, poursuivait son goutte-à-goutte.

Sur les autres lits, d'autres souffrances ravageaient d'autres blessés, d'autres vies brisées, sous des pansements déjà sales. L'un d'eux appelait sa mère. Certains n'étaient plus que râles. L'anesthésie était un luxe pour pays riches, pas pour les Russes. La souffrance, ici, était gratuite.

Comment réagir devant un clown sans bras ? s'interrogeait encore Nikolaï. Les mots ne venaient pas. Les mensonges non plus. Il se souvenait d'avoir sorti une cigarette de sa poche puis de s'être ravisé. Vladimir avait esquissé sa grimace du tour de passe-passe. Nikolaï avait alors posé la cigarette entre la lèvre supérieure et le nez de son ami. Celui-ci avait souri, remué les lèvres. Mais la cigarette avait roulé sur l'oreiller. Il n'aurait pas dû jouer à ce jeu. Vladimir avait fait une moue, à moins que cette moue ait été un sourire.

– On va te ramener à la maison. Tu seras le premier clown sans bras. Les enfants vont en rire...

Ce n'était pas bien drôle. Il se souvenait même d'avoir mimé un Monsieur Loyal venu d'on ne sait où :

– Voici, camarades, Valoudia, le clown sans bras !

Le voisin du lit de Vladimir l'avait regardé avec des yeux de fou.

« Dehors, racontait Nikolaï, la nuit m'avait entouré comme un manteau trop large. Dehors était glacial. Dehors, certains mouraient et ne rentreraient jamais à la maison. D'autres perdaient des bras, des jambes, la raison, la foi. Restaient ceux qui avaient à vivre. Putain de destin. Des survivants, chaque jour moins nombreux. Loin d'une mère patrie qui les abandonnait sur ces champs de batailles lointaines, incertaines, honteuses. Loin de tous ceux qui, à la maison, ne savaient rien de ce qui se passait ici par-delà ces montagnes, dans ces vallées de sang. »

Qu'avait-il à gagner dans cette guerre ?

Devant l'hôpital, des médecins triaient les blessés qu'on venait de leur amener. Guerre sans fin...

10

« Tout a changé lors d'une opération de trop. Une parmi tant d'autres », avait soupiré Nikolaï.

Une de ces saloperies d'incursions dans un village que l'aviation avait bombardé. Zone sensible, car des contre-révolutionnaires y avaient été signalés par les espions du service de renseignements de l'armée afghane ; ceux qui, sur le terrain, travaillaient pour les Soviétiques.

C'était un village paisible installé au creux d'un vallon, traversé par des canaux d'irrigation. Un village où des arbres répandaient de l'ombre et de la fraîcheur. Et calme, si calme !

« Il y avait eu quelques tirs contre des bandits qu'on avait vus s'enfuir vers la montagne. Puis juste le silence. On avait pour mission d'inspecter chaque maison et d'y poser des pièges. Des mines accrochées derrière des portes, planquées au fond des fours à pain. Une belle saloperie, ça ! »

Boris le bègue avait entraîné Nikolaï vers un trésor, découvert par hasard dans les décombres. Les deux soldats avaient couru à travers ce village, dans cette odeur de mort que répand la guerre.

Boris avait mené Nikolaï à une porte en bois. Elle donnait sur une cour. Là, le trésor les attendait : des grappes de raisin blanc, juteuses, mûres à point, suspendues à une treille centenaire.

– Tu te rends compte le vin qu'on va pouvoir se faire ! avait dit Boris.

Excité à cette idée, il s'en était allé chercher des caisses à munitions pour sa vendange. Sacré Boris, heureux d'être la vedette. Nikolaï se souvenait de tout : être resté sur place à regarder la cour et cette immense treille d'où pendaient tant de grappes, avoir posé son arme contre un mur et commencé à cueillir les raisins. Ce n'était pas tous les jours qu'il goûtait des fruits frais. Les soldats soviétiques étaient nourris « comme des porcs, disait Valoudia, avec de la merde ».

Ces raisins étaient gonflés, parfumés, gorgés d'un jus qui chassait la poussière de la gorge. Tellement sucrés. Nikolaï entendait les autres aller et venir dans les ruelles, de l'autre côté du mur. Soudain son attention fut attirée par un son étrange, anormal, provenant d'une maison éventrée par les bombes, attenante à la cour. Un grincement, répétitif. Pourquoi se souvenait-il d'avoir noté qu'il n'y avait pas de vent et aucun gazouillis d'oiseaux ? Étrange intuition. Il avait écouté ce son faible, intriguant puis repris sa vendange. Le chuintement ne cessait pas.

– Je suis allé voir. J'ai pris mon arme et me suis dirigé vers la porte de cette maison.

Une maison en torchis. À peine avait-il poussé la porte que des mains, tels des démons jaillissant des murs, s'étaient emparées de lui. On l'avait désarmé, jeté à terre, bâillonné. Nikolaï étouffait, allongé parmi les gravats, la tête écrasée sous la semelle d'un godillot. Le sang battait sous ses tempes, du sang coulait de son nez. Il n'était pas encore mort. Les hommes qui l'encerclaient parlaient à voix basse, en dari. Par l'interstice qui séparait les deux montants de la porte, Nikolaï avait vu Boris pénétrer dans la cour. Boris, ce pauvre Boris, les bras encombrés de caisses à munitions. « Va-t'en, Boris, cours, sauve-toi, va chercher du renfort ! » C'est ce qu'il aurait crié si le bâillon qui entravait sa bouche n'avait été si serré.

Boris avait traîné les caisses vides jusqu'au milieu de la cour. Il avait cherché Nikolaï des yeux. Intrigué par son absence, il s'était avancé vers la porte derrière laquelle étaient cachés les Afghans. Du sol où il était immobilisé, Nikolaï voyait approcher les bottes de son camarade. « Fous le camp, Boris, fous le camp ! » Était-ce vraiment ce qu'il souhaitait ? « Pauvre Boris ! » Les Afghans le maintenaient ferme. Aucun son ne pouvait sortir de sa gorge. Boris était sur le point d'entrer lorsque, soudain, de l'autre côté du mur d'enceinte de la cour, éclatèrent des tirs d'armes automatiques. Paniqué, Boris s'était enfui en courant, du raisin plein les poches. Sans doute avait-il pensé que Nikolaï avait déjà rejoint les autres.

Longtemps Nikolaï était resté immobilisé sur le sol, écrasé, terrorisé. Allaient-ils lui trancher la gorge comme ils le pratiquaient avec leurs moutons et leurs chèvres ? Y aurait-il des coups, des crachats, des humiliations ? On allait lui couper les membres, arracher sa peau de chien d'Infidèle. Ils allaient lui faire payer tous les crimes commis chez eux. Nikolaï était à leur merci, entre leurs mains. Sans témoin.

Des heures, ils étaient restés des heures sans bouger. Des heures ainsi, qui représentaient plusieurs vies.

Le soir était venu. Les soldats soviétiques avaient quitté les lieux. Nikolaï était bien placé pour le savoir : on ne demeure pas exposé dans les zones sensibles. « Ne pas offrir de cible à la guérilla, répétait le capitaine. Frapper fort, se retirer. Frapper par surprise, comme eux, puissamment, et disparaître. » C'était sa tactique. Malheur à ceux qui traînaient. La section allait compter un homme en moins. On n'établirait le constat qu'au matin. On ne se donnait pas la peine de chercher. Depuis le camarade Staline, être fait prisonnier représentait une trahison. On ne plaint jamais un prisonnier. On le méprise. Certains désertaient, d'autres se laissaient prendre. Personne ne tenait à résoudre ces problèmes. Comme on le répétait à la base : « *Niet* problème ! » Et chacun pour soi. Des problèmes, il y en avait trop. Donc aucun. Le seul que tous avaient à résoudre en commun consistait à survivre. Sortir vivant et intact de cette merde.

Les moudjahidin qui avaient capturé Nikolaï avaient attendu. Les Afghans savent attendre. Lorsque le silence s'était installé dans le village, ils avaient mis debout leur prisonnier et, prudemment, avaient quitté le village. Ils étaient libres. Et chez eux. Nikolaï le Soviétique pénétrait soudainement dans un monde inconnu et terrifiant.

Dans ses souvenirs, parmi une accumulation de roches et de cailloux, une quinzaine d'hommes, armes à la bretelle, silencieux, progressent à vive allure dans un paysage de montagnes. Ces Afghans portent des vêtements légers et flottants. Visages tendus. Barbes longues. Ils semblent ne pas le regarder. Lui, Nikolaï, la proie ligotée, marche avec eux. Autour, le paysage brûle dans les flammes d'un soleil couchant indifférent. Lumière mauve, à travers laquelle naissent les masses noires des montagnes, ombres de géants.

La nuit était tombée. La lune commençait à se faire annoncer de sa lueur diffuse et blanchâtre. Nikolaï se sentait mal. Marcher, éviter de penser. Qu'allait-il se passer ? Fuir ? Impossible ! Des Afghans le précédaient, d'autres le suivaient. Huit devant, dix derrière. Ils l'aspiraient, le poussaient, le hantaient. Nikolaï, jeune rocker de Kirjatch, ressemblait à un fantôme dans l'obscurité d'un tunnel sans issue. Comment aurait-il pu garder un espoir, un seul ? Avec cette colonne, il avançait, sinon c'était la mort, sur place. Ils l'abattraient sans pitié. Qu'allaient-ils faire de lui ? Pourquoi l'avaient-ils épargné ? Le pire habitait son cerveau. Le pire était à venir. Nikolaï le rejetait, sans vouloir y croire. Il s'interdisait toute pensée. Ne pas penser, ne pas penser. Se le répéter, se concentrer sur la marche : un pas après l'autre. Un pas après l'autre. Ne pas tomber. Ne pas glisser. Ne pas se faire remarquer. Ne pas baisser la tête. Éviter de se faire rappeler à l'ordre. Conserver ses forces. Respirer. La peur saupoudrait ses effets de panique à travers sa conscience.

La haine de ces monstres logeait en lui, empoisonnait sa raison, tandis que la lune et la lueur des étoiles éclairaient leur progression. Au-dessus de leurs têtes, la Voie lactée semait à présent ses étoiles sur son voile de laitance. Où se cachait son étoile ? Près de celle du Berger ? « Pas d'étoile pour un soldat ! » disait une voix.

Ils progressaient, ces humains d'Afghanistan, loin des mondes modernes dits civilisés, à travers la caillasse de leurs montagnes. Comment, à naître dans cette rocaille, pouvaient-ils éprouver une quelconque sensibilité ? Que savaient-ils, eux, de lui ? Qu'il appartenait à la race de ceux qui jettent le feu sur les maisons. Qu'il était sans Livre, sans Dieu, sans âme. Ici, Allah est grand. Les Infidèles n'avaient pas à se trouver là. Comme la mer, cette inconnue était absente de leurs esprits. Des rustres. Des barbares ignorants. Violents, sans pitié. Ici s'étendait la nuit sauvage. Nikolaï était en nage. Pas les Afghans, ces sans-pardon.

Impossible d'effacer ce cauchemar de sa vie. Brutale bascule d'un monde à l'autre. Cette marche à travers la nuit afghane, dans le froid glacial des montagnes, ignorée des siens, abandonnée aux autres.

« Dans ce froid, mon corps était en ébullition, mes vêtements trempés par la sueur de l'effort. Mes pieds se tordaient sur les éboulis. Difficile de tenir en équilibre, les mains attachées dans le dos, avec des liens trop fins qui meurtrissent la peau. »

Le groupe grimpait vers les sommets pour se confondre avec les pierres, dans l'immensité des montagnes. Le groupe marchait vite. Un géant, le chef, poussait parfois Nikolaï d'une main solide pour lui signifier qu'il n'avait pas intérêt à flancher. Ne pas glisser, ne pas tomber, se protéger. Nikolaï l'avait vécu. La marche avait duré des heures. Ils avaient traversé deux torrents et franchi une multitude de ruisseaux. Il y avait eu des chutes. Même des éclats de rire. Étranges, ces rires ! Nikolaï se souvenait de l'homme qui avait perdu l'équilibre en sautant d'une pierre à l'autre. Il avait glissé, s'était étalé dans le torrent, et les autres de rire. Ils avaient le beau rôle, les salauds. Ils étaient entre eux et emmenaient leur proie. Lui, Nikolaï Alexandrovitch Petrov, jeune Soviétique de Kirjatch, venu détruire leurs vies, leurs familles, faire exploser leurs maisons, saccager leurs champs, brûler leurs récoltes aux lance-flammes, bousiller leurs canaux d'irrigation, salir la terre afghane d'excréments d'Infidèles, de mécréants. Tuer, tuer, tuer... Un petit mec avec une arme, plus dangereux qu'un scorpion. Pour eux, le monstre étranger issu d'un néant qui agitait les feux d'un enfer tombé du ciel, c'était lui, Nikolaï. Pour eux, ce petit homme représentait une parcelle du Mal qu'ils avaient le courage et la fierté de combattre. Chacun voyait sa vérité. Chacun y croyait. Chacun était sincère. Nikolaï, lui, s'en voulait d'être tombé entre les mains de ces ploucs d'Afghans, frères et cousins de ces « *verts* » qu'on lui avait appris à mépriser. Des primaires crasseux, sans savoir-vivre, ignorants du monde où les femmes sont rieuses et belles. Des salopards qui emprisonnaient leurs épouses, leurs sœurs et leurs mères dans les maisons, sous les prisons de tissu de leurs putains de tchadris qui les transformaient en fantômes. Des analphabètes brutaux, voilà ce qu'étaient ces Afghans, incapables de comprendre la part de grâce que les femmes pourraient apporter à leur société. Pourquoi pensait-il aux femmes ? Nikolaï avait une mère. Eux aussi. Sa mère l'avait abandonné.

Il allait mourir. Elle allait pleurer, jusqu'à la fin de ses jours, le noyer dans ses larmes.

Plus ils avançaient vers les hauteurs, plus le fracas de l'eau sur les rochers diminuait. Le torrent perdait en force, en volume, en débit. Le son des pas résonnait dans la pierraille. Ils n'étaient plus discrets. Nikolaï s'accrochait à un espoir : s'il y avait des spetnaz, des commandos russes, dans le secteur, sans doute aurait-il une chance d'en réchapper. Hurler en russe pour qu'ils ne l'abattent pas. Ne pas se faire prendre pour un de ces Afghans. Ces fumiers qui se feraient déchiqueter, rayer de la surface des vivants. Qu'ils s'en aillent en martyrs vers leur putain de paradis, baiser leurs vierges, leurs culs tournés vers Allah. Mais où étaient donc les commandos ?

Le géant afghan marchait derrière lui. Nikolaï l'entendait souffler dans son dos. Sans doute veillait-il à le ramener vivant et en bon état. Parfois il prononçait des mots qui lui étaient destinés mais que Nikolaï ne comprenait pas. Des encouragements pour le stimuler comme ils faisaient avec leurs chevaux, leurs mules ou leurs ânes, ces paysans ! Ils étaient puissants, ces Afghans, ne s'arrêtant jamais de marcher. Parfois l'un d'entre eux s'éloignait, sans doute pour pisser. Ils avançaient hors de tout sentier, n'hésitant jamais sur la direction à prendre. Où l'emmenait-on ? Des pensées de peur revenaient l'assaillir : qu'allaient-ils faire de lui une fois arrivés ? Se venger de leurs blessés et de leurs morts ? Nikolaï refusait d'y croire mais la peur demeurait présente, l'habitant malgré lui, lancinante.

Soudain, un cri. Ce cri connu de Nikolaï, que les supplétifs de l'armée afghane lâchaient dans la nuit lorsqu'ils montaient la garde :

– *Drech !* Halte, qui va là ?

Et le claquement de la culasse d'une arme.

– Commandant Najmudine, avait annoncé le géant de sa voix d'ogre.

Najmudine, c'était donc son nom. Un chef, un commandant. Le commandant Najmudine. Un colosse de deux mètres, avec une tête énorme, aussi volumineuse que celle d'un taureau. Une bête plus puissante que ce gros porc de Mozg. Un mastodonte avec une barbe immense et dense et un regard malin. Avant que la nuit ne tombe tout à fait, Nikolaï se souvenait de la façon dont il l'avait regardé, droit dans les yeux, tranquillement, sûr de sa force. Il ne savait pourquoi ce regard avait nourri en lui un espoir : celui d'être respecté. Faible espoir, comme l'étincelle d'un briquet que les rudesses du géant avaient balayé d'un coup dans le dos.

Nikolaï se souvenait de la sentinelle qui s'était alors jetée dans les bras du géant, répétant des formules de politesse à la manière des « *verts* ». Il se souvenait de la confusion qui avait conduit cet homme à lui donner aussi l'accolade, sans discerner, dans la nuit, qu'il n'était pas un combattant du groupe. Un prisonnier ! En avaient-ils d'autres, des prisonniers ? Ils s'étaient tous donné l'accolade, les uns après les autres. Puis cet étrange cérémonial accompli, ils avaient suivi la sentinelle sur un étroit sentier. Quelques minutes d'ascension, ultimes efforts.

Le groupe avait atteint un point précis de cette montagne noire. Noire car la nuit était là. Quelques lumières apparurent çà et là, soudainement, comme des fragments d'étoiles tombés parmi les rochers. C'étaient les lueurs d'une *kararga*, leur garnison, parmi tant d'autres. À chaque village de la vallée correspondait ainsi, enfoui dans des grottes, un camp de moudjahidin. Pour des raisons de sécurité, depuis que les Soviétiques s'étaient implantés à l'entrée de la vallée du Panjshir, ces karargas étaient dissimulées dans la montagne, à quelque trois mille mètres d'altitude. Celle-ci portait le nom de Showa, du nom du village situé mille mètres plus bas. Elle était constituée de trois grottes qui s'enfonçaient dans la paroi rocheuse. L'entrée principale était fermée par un épais tissu. Dans cette cache, éclairée avec des lampes à huile, vivaient une trentaine d'hommes. Ils étaient vêtus d'étrange façon : uniformes composites soviétiques, couvertures de laine marron, gilets à poches, pantalons bouffants, chemises à longs pans. Certains étaient coiffés de casques de tankistes russes, d'autres de turbans, la plupart portant le *pacole*, ce bonnet de laine roulé de la province du Nouristan, royaume islamisé depuis un siècle, non loin de la frontière pakistanaise.

À leur arrivée, les hommes qui se tenaient à l'intérieur s'étaient levés, tant bien que mal, car les parois de la grotte ne permettaient pas la position verticale. Ceux du groupe entrèrent l'un après l'autre, Nikolaï en troisième. Ils se serraient les mains, se livrant à nouveau à des accolades, en marmonnant leurs formules de politesse. Nikolaï avait été mis à l'écart. On lui avait fait signe de s'asseoir. Une fois tout ce monde installé, le commandant Najmudine s'était adressé à un homme grand et maigre, qu'il appelait lui aussi commandant. Nikolaï n'avait pas compris ce qu'il lui racontait mais se souvenait de cette discussion dont il était le sujet. Il revoyait leurs visages. Visages d'hommes rudes et doux à la fois. Inquiétants à cet instant même puisque tous étaient tournés vers lui.

Les Afghans dévisageaient leur ennemi, et semblaient étonnés de le voir si peu menaçant, petit de taille, fragile. Pourquoi, soudain, telle une intuition, sa peur avait-elle disparu ? Il n'avait pourtant pu soutenir tant de regards et avait baissé les yeux. Le géant parla. Il y eut quelques rires. Sans doute avait-il plaisanté sur le fait qu'ils l'avaient surpris en train de voler du raisin. Un ennemi gourmand ! Nikolaï avait écouté, assis près du colosse, les liens serrant ses mains et ses bras, à l'affût du moindre indice concernant son sort. Quand allaient-ils le tuer ? Et de quelle manière ?

Tous s'étaient mis à parler, sans s'occuper de lui, jusqu'à ce qu'un jeune Afghan s'approche de lui. Les autres s'étaient tus. Le jeune lui avait posé une question. Nikolaï ne l'avait pas comprise. Comment aurait-il pu répondre ? Terrorisé, il avait baissé les yeux. Un Afghan plus âgé, à la barbe longue et blanche, avait traduit la question en russe, un russe scolaire. Nikolaï avait encore dans l'oreille sa manière de parler. Il conservait l'image du visage de cet homme qui l'avait regardé. L'homme rigolait.

– Étaient-ils bons ces raisins ? avait-il demandé.

Les autres avaient éclaté de rire.

L'un d'entre eux se leva, imitant Nikolaï en train de goûter les raisins. Nikolaï pensa à ses copains de Kirjatch. À leurs blagues. Leur façon de se moquer les uns des autres. Il voyait la mort, la peur, et cette envie qu'il avait de hurler. Foncer à travers cette grotte et courir dans la nuit ? Mieux valait ne pas y songer. Il fixait le kalachnikov que le jeune Afghan tenait à la main, avec lequel il balayait l'air de grands gestes, comme pour appuyer son rire. Sa mine affolée amusait cette assemblée de moqueurs. Ils buvaient du thé, lui en versèrent et lui proposèrent un morceau de galette de pain dur.

Soudain, de façon inattendue, un homme à la peau très sombre, grand, costaud, la barbe éparse et les yeux fous, s'était levé et avait crié en armant son fusil. Il y eut un silence. L'homme avait indiqué l'entrée de la grotte avec le canon de son arme. Il voulait le faire sortir, lui, Nikolaï, pour l'abattre dans la nuit. C'est ce qu'il vociférait aux autres. Un millième de seconde, le cerveau de Nikolaï avait fabriqué les images de sa mort : la déflagration de la poudre, les soubresauts de son corps. Aurait-il le temps de souffrir ? Qui sait vraiment ?

Le géant, assis près de Nikolaï, avait posé une main sur son genou en signe d'apaisement. Celui qu'il avait appelé « commandant Atiq » s'était emparé de l'arme de l'homme menaçant. L'autre avait résisté, parlant à voix haute, colérique, puis il avait cédé et était sorti dans la nuit. Quelque temps plus tard, le commandant était revenu. L'homme le suivait, désarmé, fixant Nikolaï de ses yeux vifs, emplis de haine et de mépris. Le géant avait alors détaché les liens des poignets de Nikolaï au moment où deux jeunes apportaient une toile cirée qu'ils avaient dépliée sur le sol. Une cruche et une cuvette de fer-blanc avaient circulé de main en main. Chacun s'était lavé les doigts. Une serviette-éponge crasseuse et mouillée avait suivi. Des gamins étaient arrivés portant des plats emplis de riz et des galettes de pain qu'ils avaient répartis sur la nappe, devant chacun. Les Afghans, sans un mot, avaient plongé leurs doigts dans ces montagnes de nourriture et mastiqué lentement, sans regarder Nikolaï. L'homme, lui, le fixait toujours, attendant son heure. Il s'appelait Abdelmokadas. C'est ainsi que l'avait nommé le commandant. Nikolaï ne pouvait rien avaler. Comment aurait-il eu faim en pensant à sa mort ? Il avait soif. Très soif. Nikolaï se souvenait d'avoir senti le froid du rocher contre son dos. Il avait pensé à ses compatriotes qui apprendraient sa disparition. Comment pourraient-ils le découvrir dans ces montagnes ? Qu'allaient-ils décider ? Mort au combat ? Que dirait sa mère ? Et son père ? Et grand-père ? Et Igor ? Parmi ces Afghans, il était plus seul que seul. Un presque rien. Et s'il se réveillait, comme avant, couvert de sueur et de mauvaises pensées, dans un dortoir de toile ?

Plus tard, un événement grave aurait pu s'achever en tragédie. Comment oublier ? Tout était si précisément inscrit dans sa mémoire qu'il pouvait le raconter comme s'il venait de le vivre : les hommes s'étaient installés pour dormir dans ce qui restait de nuit, chacun roulé dans son *patou*, à l'endroit qu'il occupait. Najmudine allait emmener Nikolaï au plus profond de la grotte quand celui-ci lui avait fait comprendre qu'il avait envie de pisser.

Le commandant désigna deux hommes pour l'accompagner. Ils prirent leurs kalachnikovs. Nikolaï sortit de la grotte, à la suite d'un moudjahid qui le conduisit vers un amas de rochers. Était-ce le silence de la nuit ? L'immensité de ce qu'il ne distinguait pas ? Nikolaï eut l'impression d'appartenir à une autre histoire, une autre vie, un autre monde. Il faisait froid. Il le sentait, mais ne le vivait pas. Comme s'il se regardait et voyait un autre Nikolaï marcher dans les cailloux, sous un ciel étoilé, pour aller pisser. Une centaine de mètres plus loin, l'Afghan avait désigné le sol et éteint sa lampe de poche. Il s'était éloigné.

Nikolaï avait ouvert son pantalon et s'était accroupi. L'Afghan, par pudeur, s'était encore éloigné. Nikolaï savait que les occasions comme celle-là ne seraient pas nombreuses. Il en avait souvent parlé avec Vladimir. De l'opportunité de saisir la chance, de vivre chaque instant, d'être vigilant. N'était-ce pas une occasion ? L'Afghan avait rejoint l'autre et lui parlait. Tous deux lui tournaient le dos. Lentement Nikolaï avait remonté son pantalon. Les deux Afghans ne le regardaient pas. Nikolaï ne perdait pas leurs silhouettes des yeux, à une cinquantaine de mètres. Lentement, il se mit à ramper, à travers l'obscurité, vers une masse sombre de rochers qu'il avait repérée. Il n'avait pas rampé longtemps, s'était mis à quatre pattes pour se précipiter vers son salut. Une bête. Il était devenu une bête. Cette bête aux abois, cette bête qui ne pense pas, qui agit. L'instinct rassemble ses ultimes forces, celles que l'esprit n'avait pas même comptabilisées, les armes de son ultime chance. La bête aux abois ne se pose pas de questions. Elle n'a pas de choix. Elle vit, elle doit vivre, et fera tout pour vivre encore, et encore, parce que c'est ainsi. C'est l'ordre du monde. Nikolaï était cette bête. Et cette bête-là, justement, ne sentait pas la douleur de son visage et de ses mains ensanglantés. Cela n'existait pas. Les rochers qu'il avait repérés étaient parsemés de bosquets d'épineux. De toute façon, il n'avait pas d'autre issue. En s'y précipitant, les épines n'avaient pas épargné sa peau. Qu'importait la douleur ! Qu'importait le bruit qu'il avait fait ! La bête aux abois s'arrêta, haletante, scruta les alentours, ne vit que la broussaille et se mit à courir. Le plus bruyant, au long de cette course, était le tambour de son cœur. Qu'importait, hurlait-il dans sa tête. La bête traquée devait vivre. VIVRE ! Courir à perte d'haleine.

Sur un caillou, hélas, son pied gauche s'était tordu. Son corps avait trébuché. Il tomba, tomba, roula sur la pierraille pour débouler dans un fossé. S'il avait été un aigle ! La bête n'était qu'un homme d'un mètre cinquante-six, soviétique, né dans une ville sans épineux ni rochers, entourée d'horizons plats. Un éclair lui déchira les yeux. Lui avait-on tiré dans la tête ? Était-ce la fin du cauchemar ? Ses copains de chambrée allaient se fendre la gueule à le voir par terre, au pied de son lit… Pipi dans ses draps !

Rien de cela. Le faisceau d'une lampe torche l'éclairait en pleine figure. Les monstres afghans étaient là, rejoints par deux types qu'ils avaient appelés. Ils avaient armé la culasse de leurs fusils, et mis Nikolaï en joue. Vivre, il voulait vivre ! Vivre, sortir de ce piège ! Son visage, couvert d'égratignures, saignait. Il étouffait, haletant à chercher sa respiration. Les battements de son cœur envahissaient sa tête. Ses vêtements étaient déchirés. Il n'était qu'une pauvre proie. L'Afghan qui l'éclairait l'attrapa par le col de sa vaste et le mit debout. Nikolaï entendit des rires. L'un d'eux dit : « Même les tigres n'ont jamais pu s'enfuir de notre Panjshir. » Il le répéta, mais Nikolaï, alors, ne le comprit pas. On lui fit signe de marcher devant. S'ils avaient décidé de l'abattre, c'était maintenant. Sans doute l'auraient-ils déjà fait, pensa Nikolaï. Il avait encore une chance. Infime. Qu'allait faire le géant quand il apprendrait sa tentative de fuite ? Et les autres ? L'Afghan à la lampe lui parla, riant de nouveau avec ses complices. Tout était cauchemar. Un cauchemar dans lequel il était toujours en vie, en sursis.

Ils étaient revenus vers la grotte. Une lampe à huile éclairait faiblement l'intérieur où les hommes dormaient à même le sol, enveloppés dans leurs patous. L'Afghan qui tenait la lampe fit signe à Nikolaï de reprendre sa place. Même Najmudine, le géant, semblait tranquille, endormi de toute la longueur de sa carcasse. Certains ronflaient fort. Ça sentait les pieds. Il faisait glacial. On ne l'avait pas battu. Même pas interrogé. Ce qui venait de se produire n'avait en rien affecté leur sommeil. Les gardes s'étaient installés à l'entrée de l'abri, assis, jambes croisées, leurs armes sur leurs cuisses. Nikolaï avait juste gagné d'être à nouveau attaché. Le garde avait trop serré les liens autour de ses poignets. Nikolaï se souvenait de la douleur, puis de l'engourdissement qui, peu à peu, avait effacé l'idée même de penser à son destin.

11

Rêve, pas rêve, cauchemar, pas cauchemar. Putains de raisins ! Tournant la tête vers l'entrée de la grotte masquée par un tissu, Nikolaï discerna le jour. Encore vivant. Dans le même temps, il fut saisi par une illusion, une folle illusion sous la forme de sons, des rugissements d'hélicoptères. À moins qu'il s'agisse d'un bourdonnement dans sa tête parce que ses bras étaient devenus violets, parce que la douleur irradiait autour des liens qui l'entravaient. Soudain, brutalement, le rideau s'écarta. Un des Afghans s'époumona :

– CHOURAVIS !

Chouravis, Nikolaï le savait, voulait dire « Soviétiques » en dari. Les hommes qui dormaient rejetèrent leurs couvertures. Nikolaï les regarda enfiler leur veste, leurs chaussures, plier leur patou, se saisir de leurs armes. Ils étaient entraînés. Les hélicoptères approchaient. L'un passa en frôlant la paroi derrière laquelle ils se trouvaient. Plus loin, on entendit des explosions. D'autres ébranlèrent l'air. C'était proche. Très proche.

Après un temps d'attente, au signal d'un observateur posté dehors, ils sortirent à la lumière. Autour, la montagne offrait son immensité de pierres inondées de soleil. Nikolaï se souvenait d'avoir compris alors combien sa tentative d'évasion aurait été vaine. Dans ces montagnes, il n'aurait pas été loin.

Le groupe de la veille s'était reconstitué autour de lui. Les voilà qui escaladaient un promontoire. Quant aux autres moudjahidin, ceux du commandant Atiq, ils s'étaient éparpillés dans des caches autour d'armes lourdes. Nikolaï avait eu le temps d'apercevoir des mitrailleuses PK et une Dachaka, mitrailleuse 12.7 anti-aérienne montée sur trépied. Organisés, les salauds ! Ce jour-là, Najmudine pressa Nikolaï sans ménagement. Étrange sensation de sentir les siens si proches.

Nikolaï aurait voulu hurler qu'ils étaient là, mais le groupe avançait maintenant dans une gorge qui le rendait invisible du ciel. Il aurait voulu rester à la traîne, profiter de l'occasion. On le poussait. Un homme lui avait donné un coup de crosse dans le dos. Des brutes. Il fallait avancer, avancer.

– Par Allah, tu veux nous faire descendre ?

Nikolaï n'avait pas compris les paroles de cet homme mais il avait vu sa colère.

« Avancer, oui, oui. Je voulais avancer. Mais pour aller où ? »

Il était en vie. Ces Afghans le gardaient en vie. Il aurait voulu faire signe aux pilotes des hélicoptères qu'il était là, que c'était lui Nikolaï Alexandrovitch Petrov. Il l'aurait fait si l'occasion s'était présentée, oubliant que les pilotes de ces engins de mort n'auraient vu aucune différence entre lui et ceux qui l'entouraient. Il expérimentait la sensation terrifiante d'être une proie facile. Un gibier fuyant devant des chasseurs. C'était peut-être pour bientôt.

Les moudjahidin s'étaient accroupis sous leur patou, le temps de vérifier que le ciel était dégagé de ses menaces. En contrebas, on entendait des tirs. Nikolaï les identifiait comme les tirs de ses amis auxquels s'ajoutaient les ronflements des hélicoptères qui auraient pu revenir le sauver.

Najmudine l'avait poussé avec son arme. Sans doute avait-il saisi sa pensée. Le géant avait lancé un ordre aux autres qui s'étaient mis à courir sur une pente très raide. Ils étaient fous, ces Afghans ! La moindre chute pouvait être mortelle car le précipice qui prolongeait cet espace pentu était gigantesque. Nikolaï, qui manquait d'entraînement, glissait. Plusieurs fois Najmudine le retint.

Atteignant un sentier qui remontait sur la gauche, le groupe accéléra de plus belle. Nikolaï n'était pas habitué aux marches commandos. Ses poumons allaient exploser. Il trébuchait sans cesse sur les pierres.

Comment courir dans la montagne, les bras liés, sur des éboulis de cailloux roulant vers des abîmes ?

Pour un pilote d'hélicoptère russe, Nikolaï était devenu une cible parmi d'autres, minuscule ennemi à déchiqueter avec une roquette à fragmentation. Rien de plus. Il venait de le comprendre lorsqu'ils essuyèrent un tir. Une chance que les rochers aient été si volumineux. Son cerveau analysait la scène. Courir, encore, encore. Ne pas penser. Nikolaï avait à la fois mal et peur. Parfois Najmudine l'aidait à franchir un passage difficile. Parfois un homme le poussait violemment. Des variantes de l'enfer. Ils progressaient, l'espoir ancré en eux de fuir une mort annoncée, instinct de survie en plus.

Soudain l'un des moudjahidin hurla, indiquant une direction. L'homme les dominait, une cinquantaine de mètres plus haut. Il désignait du doigt une paroi. Nikolaï s'immobilisa avec le groupe. Najmudine le saisit par le bras, faisant signe aux autres d'avancer plus vite en direction de celui qui avait crié. Un abri les attendait, invisible et profond.

Les hommes pénétrèrent dans une vaste grotte dont l'entrée était dissimulée par des rochers que deux Afghans remirent en place. Des meurtrières, creusées à même la roche, offraient une vue plongeante sur le paysage. De cet endroit, la vallée du Panjshir, perdue dans le lointain, étendait ses champs jaunes de blé qui brûlaient. On discernait le ruban du fleuve, large et sinueux, le tracé complexe des canaux d'irrigation. Des arbres déchiquetés.

Cette grotte, un abri naturel agrandi et aménagé par des hommes, était impressionnante. Des tapis en recouvraient le sol, des caisses de munitions occupaient le fond. Au cœur de cette forteresse, une trentaine de combattants silencieux, aux aguets. Des mitrailleuses à ruban PK avaient été placées en retrait des meurtrières. Nikolaï se souvenait de tout. Pas moi, qui me trouvais pourtant là. À cet instant, Ali mon interprète m'avait chuchoté qu'un prisonnier accompagnait ceux qui venaient d'entrer dans la cache. Je n'y avais pas prêté attention. Mon épaule me faisait trop souffrir. Deux jours plus tôt, j'avais reçu un éclat de métal en filmant une embuscade. Le morceau de métal n'avait pas pénétré loin mais la chair avait été meurtrie et la douleur était là, lancinante, puissante. Je n'avais pas de morphine et pas le droit de me plaindre. Ce prisonnier, dans l'état comateux où je baignais, ne m'était pas apparu différent de ceux qui m'entouraient. Serrés les uns contre les autres, tous écoutaient les bruits du dehors. À l'extérieur, les Russes bombardaient. Des explosions lointaines, parfois plus proches. On entendait tourner plusieurs hélicoptères.

« Les miens », pensait Nikolaï.

« J'aurais voulu pousser hors de leur cache tous ces Afghans, les buter à l'explosif, et m'éjecter de ce trou. »

Soudain un moudjahid fit signe qu'il y avait danger.

Par la meurtrière, il avait repéré un groupe de soldats soviétiques, déployés en tirailleurs, occupés à ratisser le secteur. Nikolaï fut conduit plus au fond de la grotte. Il aurait aimé gueuler en russe qu'il était là. C'est ce qu'avait compris Najmudine qui l'observait. Il l'avait assommé d'un coup de poing dans la gueule. « Brute d'Afghan ! » Qu'allait-il se passer ? On entendait maintenant les voix des Russes, c'était dingue ! Même les raclements de leurs bottes sur la caillasse. Les visages des Afghans étaient tendus. S'il fallait se livrer à des corps-à-corps dans la grotte, l'issue serait incertaine. Nikolaï, lui, avait repris ses esprits. Najmudine, qui l'observait, lui avait souri. Nikolaï, bâillonné, regardait le vide de la peur.

12

À une centaine de mètres du promontoire où s'enfonçait la grotte, les débris d'une carcasse d'hélicoptère finissaient de se consumer. On aurait dit un énorme insecte renversé, les ailes tordues, grotesque sur cet espace de granit. Des rafales de vent attisaient les flammes, entraînant vers le ciel une épaisse fumée noire. En scrutant la vue plongeante, on apercevait, en contrebas, çà et là dans la vallée, les traces des combats qui s'étaient livrés durant la journée. Terre afghane, immense étendue de vallées et de montagnes. Terre meurtrie, de cendres et de poussière. Nuages sombres au ciel, feu sur la terre.

Sur le visage des hommes, la fatigue avait déposé ses traces. Une tristesse évidente se mêlait à cette rage impuissante qui les rendait plus courageux encore. L'ennemi disposait d'une telle supériorité, avec ses avions et ses hélicoptères, son artillerie lourde, ses moyens de communication radio, qu'il fallait de l'audace pour lui tenir tête. Ce qu'ignoraient ces paysans afghans, c'est qu'en Occident quantité de spécialistes ne leur avaient donné aucune chance de tenir tête à l'armée soviétique, cataloguée comme la deuxième puissance du monde. Pourtant, eux, ces paysans illettrés, non seulement ne se soumettaient pas mais ils attaquaient. Pour ces hommes du Panjshir, défendre leurs familles, débarrasser leurs terres occupées par des étrangers qu'ils n'avaient pas invités était un devoir, un honneur, une fierté.

Ce jour-là, les Soviétiques avaient abandonné le secteur aussi rapidement qu'ils étaient venus. Il en allait ainsi depuis plusieurs semaines. Ils livraient des attaques soudaines, violentes mais brèves. Ne trouvant que du vide, les Chouravis s'en prenaient alors aux villages, faisant sauter ce qui avait résisté à leurs bombardements aériens, brûlant au lance-flammes les récoltes, disposant des pièges partout où ils pensaient qu'ils pourraient tuer : dans les ruines des maisons, derrière les portes, sur des sentiers, dans les fours à pain, au fond des puits. La guerre libère les vices et la perversité.

Le lendemain, ce fut comme un miracle. Les cachettes avaient résisté aux bombes et à l'observation des commandos soviétiques. Nous étions encore vivants. On n'entendait plus les sifflements des hélicoptères, ni le tonnerre des avions à réaction dans le ciel, ni les explosions. Rien que le bruissement lointain du torrent et la rumeur du vent. Je n'ai pas souvenir d'avoir entendu des chants d'oiseaux. Devant tant de perturbations, il y a longtemps qu'ils avaient dû fuir. Nous étions dehors, près d'une bergerie, à profiter du calme et du soleil. Les jours et les nuits passés dans cette grotte avaient glissé du froid jusque dans nos os. Nous avions besoin de chaleur, d'être dorlotés par un semblant de paix. Durant la dernière attaque, je me souvenais d'avoir pas mal divagué. L'infirmier afghan avait retiré l'éclat de mon épaule quelques jours plus tôt, sans anesthésie, à l'aide d'une pince à épiler. J'avais dégusté mais pas râlé. On a sa fierté. J'avais serré mon carnet de notes entre les dents et mis un point d'honneur à ne pas craquer devant mes compagnons afghans. À plusieurs reprises, j'avais été témoin de leur capacité à endurer la souffrance. Un matin, un homme avait sauté sur une mine papillon. Il s'était fait opérer ce qui restait de son pied, au bord d'un torrent, sans la moindre anesthésie. Pendant des jours, nous l'avions veillé. Pendant des jours, il avait chantonné ! Jamais une plainte.

Dans le groupe de Najmudine, personne n'avait été blessé. Je vois encore un moudjahid distribuant des galettes de pain, suivi d'un second qui offrait des noix. Soudain un type avait bondi et désigné un petit homme assis, les bras liés dans le dos, si discret que je n'avais pas remarqué sa présence. Le type avait l'air furieux. Il s'était lancé dans un discours que mon interprète m'avait traduit en le résumant ainsi :

– Il a dit : Pourquoi nourrir ce porc ? C'est ça qu'on devrait lui donner à bouffer !

L'homme avait sorti de sa poche une balle de 12.7 qu'il avait présentée aux autres. Un drôle de silence s'était établi. Une gêne. Et une tension. Le type était resté face au petit homme qui le regardait dans les yeux puis il avait craché dans sa direction.

J'avais alors vu le commandant Najmudine, mon ami, soulever ses cent kilos, se planter devant son compatriote et lui retirer la cartouche des mains en le repoussant violemment. Celui-ci était allé s'asseoir plus loin cependant que Najmudine détachait les liens qui maintenaient dans le dos les mains du jeune homme. C'était bien la première fois que je voyais ça. Je me souviens d'avoir demandé à Ali ce qui s'était passé avec le commandant.

– Il a dit : « Ne donne pas raison à nos ennemis de nous haïr ! »

– Un prisonnier ?

– Oui, il voulait le descendre. Mais le commandant ne veut pas.

Le petit homme s'était mis à dévorer le pain avec avidité. J'avais demandé à Ali de m'apporter mon appareil photo.

Alors que je venais de prendre ma première photo, le prisonnier m'avait dit en français :

– Non, s'il vous plaît, monsieur !

Comment oublier ces mots prononcés dans ma propre langue ? Les moudjahidin avaient été aussi étonnés que moi.

– Tu es soviétique ? avais-je demandé.

Il avait acquiescé.

– Et tu parles français ?

Il avait souri. J'avais demandé à Ali des explications.

– Il se trouvait dans la grotte avec nous quand tu étais... dans le cirage. C'est comme ça qu'on dit ? Ils l'ont capturé il y a deux jours.

Un prisonnier soviétique ! Je m'adressai encore à lui :

– Et tu parles français ?

– J'ai appris à l'école Union soviétique. À Kirjatch.

– Kirjatch ?

– Ma ville. Pas loin Moscou.

Cette bourgade dont il allait, plus tard, tant me parler. À cet instant ce petit bonhomme m'étonnait.

– Et tu es militaire ? Militaire de carrière ?

Il n'avait pas répondu. Il m'avait fait signe qu'il ne comprenait pas.

– Toi, soldat ?

Je me souviens qu'il avait alors tourné la tête vers celui qui l'avait menacé.

– Je suis Nikolaï. Kolia.

Quelques jours plus tard, l'infirmier qui changeait mon pansement avait dit que c'était bon : aucune trace d'infection. On allait pouvoir repartir à la recherche de Massoud, vers le nord.

Dans un champ, sur le dos d'une colline, le vent couchait les herbes hautes, faisant naître des vagues végétales qui bruissaient. À genoux sur leur patou, les hommes de Najmudine priaient. Le Russe, lui, avait les mains attachées. Il était assis à l'écart. Je me suis approché de lui. Il avait de la chance d'être en vie. Après ce qui s'était produit, je trouvais les Afghans bien charitables.

– J'étais près du village d'Astana, lui ai-je dit, tes camarades sont venus chercher les hommes pour les enrôler dans l'armée gouvernementale. Ça a mal tourné.

Nikolaï m'avait regardé au fond des yeux.

– Après, il y a eu une embuscade.

Il ne comprenait pas ce mot. J'avais mimé l'action.

– Embuscade, route, guerre ! Le soir, les avions sont venus. C'était leur village à eux. Leur village ! Il n'en reste pas grand-chose.

Je me souviens qu'il baissait la tête. Plus besoin de parler. Un long silence s'était installé entre nous alors que les hommes de Najmudine continuaient à prier. Une abeille avait virevolté autour de sa tête. Il n'avait pas bougé. Juste murmuré : « J'ai pas bombardé maisons. » Voilà sa défense ! Ce n'est pas seulement inscrit dans ma mémoire, je l'ai rapporté mot pour mot dans mon carnet de route, un de ces petits carnets noirs que je trimballe toujours avec moi au cours de mes voyages. Étrange rencontre. J'étais partagé entre l'envie de mépriser Nikolaï et celle de le protéger. Il était culturellement plus proche de moi que je ne l'étais des Afghans qui nous entouraient. Mais il était complice de ce crime, acteur de cette guerre. Comment l'excuser ? Les Afghans, eux, étaient entrés dans mon cœur. Pas les Soviétiques.

Le soir, pendant le dîner, nous nous étions encore observés. À la dérobée. Je ne savais quoi lui dire. Je me doutais qu'il ne répondrait pas à des questions précises sur ses actions. À quoi bon user les mots ? Après le repas, un Afghan lui avait attaché de nouveau les mains. Les hommes s'étaient roulés dans leurs patous et s'étaient endormis. Moi, je n'y arrivais pas. J'avais écrit le début de cette histoire, au fil de la plume, comme je racontais tout ce que je voyais et entendais. On était si loin du monde moderne avec sa technologie si avancée, ce progrès où, peu à peu, les machines prennent la place des hommes. Ici, dans les grottes, les Afghans se protégeaient des bombes modernes. Ici, ils étaient comme les hommes des cavernes, éclairés par le feu. Dans l'espace contenu par les parois en verre de la lampe à huile, des insectes prisonniers se brûlaient à la flammèche.

Le lendemain, j'avais dû m'en aller. Ali s'était occupé de trouver un muletier pour nos bagages. Je vois encore, dans le fatras de mes souvenirs de ce temps-là, Najmudine m'ouvrir les bras pour me dire adieu. Les Afghans ont un jeu qui consiste à se serrer avec vigueur contre la poitrine jusqu'à ce que le plus fort soulève l'autre du sol. Ça les faisait marrer. Ce jour-là, ils étaient sortis devant la grotte. Tout était calme. Il faisait beau. Pas d'avions dans le ciel. Pas d'explosions de bombes au loin. Juste le bruit du torrent, en contrebas, que les parois des montagnes remontaient jusqu'à nous.

Le muletier avait placé mon bagage et celui d'Ali dans des sacs de jute qu'il s'appliquait à sangler sur les flancs de la mule. J'avais pris dans mon sac à dos un livre de poésie qui m'accompagnait depuis Paris. Le livre d'une poétesse espagnole et tunisienne, Elodia Turki, qu'elle m'avait offert lors d'un vernissage près du théâtre de l'Odéon. Un cadeau pour ce Soviétique francophone. Les cadeaux sont comme les témoins d'un relais fraternel.

– C'est pour toi !

Nikolaï avait regardé le petit livre élégant avec étonnement. Il s'en était saisi avec délicatesse. Il avait lu le titre à voix haute, ouvert les pages et, tel un gamin, m'avait demandé, incrédule, d'une voix sourde, si c'était vraiment pour lui ?

– Oui, pour toi. C'est un livre de poésie, en français.

Pas facile à comprendre mais magique. Et tu n'es pas pressé. Des mots, des mots qui font rêver. Garde-le ! C'est pour toi. Je te le donne. Un cadeau.

Je le vois encore poser le livre à ses pieds, enfoncer sa main dans une poche de son pantalon pour en sortir une photographie, toute froissée. Une photo en noir et blanc bordée d'une marge. Le cliché l'avait immobilisé, lui, avec sa guitare, debout sur une sorte d'estrade, au milieu d'un groupe de musiciens. Je me souviens d'avoir regardé cette image jusqu'à pouvoir en restituer le moindre détail. Par un mystère qu'il ne faut pas chercher à expliquer, il me semble que j'entendais leur musique. Du rock.

Curieux, les moudjahidin s'étaient approchés.

– Pour vous, monsieur mercenaire, m'avait dit Nikolaï en souriant, me tendant cette photo, son seul bien.

Je ne l'oublierai jamais. Son geste m'avait touché mais je n'en ai rien montré. Je le regretterai plus tard. Je me souviens d'avoir dit quelque chose comme :

– Qu'est-ce que tu racontes ? Où as-tu vu un mercenaire !

Il a eu l'air de tomber de la lune. Pour lui, un étranger ne pouvait être qu'un mercenaire, le complice des contre-révolutionnaires dont la propagande l'avait gavé de représentations simplistes.

Je lui avais dit que j'étais journaliste.

– Journaliste ! avais-je répété devant son air dubitatif. Tu sais à quoi ça sert, un journaliste ?

Il avait eu un sourire malicieux.

– Et soldat, vous savez à quoi ça sert ?

C'est à ce moment, je crois, qu'il m'est devenu sympathique. À cause de son humour et d'une certaine insolence qui montrait un homme courageux. J'ai éprouvé de la tendresse pour lui.

Najmudine, à son tour, avait saisi la photo. Dans ses grandes mains, elle semblait minuscule. Il l'avait regardée, intrigué, puis l'avait donnée à son voisin. Elle avait ensuite circulé entre toutes les mains. Des mains de paysans.

– Tu es musicien ? Chanteur ?

– Chanteur, oui. Pas tueur !

– Mireille Mathieu, vous connaissez ?

Pour la première fois, ce jeune Soviétique oubliait que nous étions en situation de guerre. Son visage s'était éveillé, animé d'une gaieté surprenante.

– Edith Piaf ? continuait-il. Moi, je sais beaucoup !

Voilà qu'il s'était mis à chanter, doucement, ému par ce qu'il retrouvait en lui : des paroles et leur mélodie : « *Non, rien de rien, je ne regrette rien !* »

Puis il s'était soudain animé, encouragé par les mines curieuses des Afghans, braillant plutôt que chantant :

– *Zaï zaï zaï*... Joe Dassin, je sais beaucoup. *Zaï zaï zaï*...

Il s'était mis à chanter à tue-tête à la surprise générale,

parmi tous ces moudjahidin qui rigolaient franchement.

– *Elle m'a dit d'aller siffler là-haut sur la colline.* Très célèbre chez nous, en Russie !

Les moudjahidin m'avaient rendu la photo. Je l'avais regardée une nouvelle fois puis la lui avais tendue. Il avait refusé et me l'avait rendue. Il me l'offrait en échange du livre. C'était impossible. Il y avait, dans ce rectangle de papier glacé, sur cette image d'un passé noir et blanc, le dernier fragment de son monde personnel. Je la lui ai remise entre les mains.

– Garde-la, avais-je dit. Je m'en souviendrai. Garde-la et n'oublie jamais d'où tu viens.

Il était prisonnier, loin de chez lui. Ce n'était pas un tueur. Dans cette vallée du Panjshir où rien ne lui rappelait sa maison, ce cliché représentait sa carte d'identité. Il était musicien et, à regarder cette image, comme moi il se souviendrait de ce qu'il jouait là-bas, chez lui, au cours de cette autre vie lointaine, fragile. « Je n'étais pas un tueur », répéterait-il plus tard.

Il était temps de partir. Le muletier nous attendait. Ali saluait ses amis avec moult formules de politesse.

– Je dois partir, lui ai-je dit en lui tendant la main.

Ce bougre de coquin m'a répondu que lui aussi devait y aller. Lui, le prisonnier qui, au culot, m'avait pris par le bras pour m'entraîner vers le sentier, à la suite d'Ali, de la mule et du muletier, en chantant :

– *Elle m'a dit d'aller siffler là-haut sur la colline.*
De l'attendre avec un petit bouquet d'églantines.

Joe Dassin se doutait-il, en écrivant cette chanson, qu'elle serait chantée à travers la montagne afghane, comme une évasion ? J'avais joué le jeu et m'y étais mis, chantant avec ce sacré Nikolaï, en descendant le sentier pour rejoindre Ali et le muletier amusés de cette scène.

J'ai cueilli les fleurs et j'ai sifflé tant que j'ai pu, voilà ce que nous chantions dans ces montagnes.

J'ai attendu, attendu, elle n'est jamais venue.
Zaï, zaï, zaï...

Najmudine et ses compagnons riaient. Des rires de gamins, des fous rires, ensemble, en nous regardant partir avec notre chanson.

13

J'avais passé un col qui séparait la vallée du Panjshir de celle d'Andarab où les moudjahidin m'avaient dit que je trouverais Massoud. Je cherchais à comprendre pourquoi les Américains ne l'aidaient pas. S'ils avaient choisi de soutenir les Afghans les plus radicaux parmi les fondamentalistes musulmans, je cherchais de mon côté, sur le terrain, quelle était la raison d'une politique pour le moins étrange.

Massoud, à cette époque, avait la conviction que seul un Afghanistan riche de ses différences pourrait sortir vainqueur de cette guerre. Pour atteindre cet objectif, il travaillait à fédérer d'autres groupes ethniques et politiques au sein d'un conseil, le Conseil du Nord. Il était essentiel, pour lui, de coordonner, afin de les rendre plus efficaces, les actions de guérilla contre les Soviétiques. Il se moquait de savoir que les Occidentaux redoutaient cette armée soviétique qui constituait pour eux la plus effrayante des menaces. Rassembler les Afghans dans la résistance était devenu son obsession. Une ambition qui exigeait de lui une énergie sans bornes. Ainsi passait-il son temps à voyager, à pied, par des sentiers étroits qui reliaient les vallées mais réclamaient de franchir des cols dépassant parfois les cinq mille mètres d'altitude. Les Soviétiques le recherchaient. Mais comment attraper un homme comme Massoud ? Un homme dont la légende racontait qu'il volait au-dessus des rochers, qu'il était à la fois ici et là-bas.

La chanson de Joe Dassin s'était estompée au loin, dans mon dos, après une embrassade à l'afghane où le jeune Soviétique m'était apparu bien fragile. Sa plaisanterie d'évasion avait buté contre l'immensité des montagnes. Il me raconterait que son audace à m'emboîter le pas, à chanter à tue-tête, et d'une manière si folle et si inattendue, lui avait servi de passeport pour se créer sa place dans ce monde de barbus rudes mais rigolards. À partir de cette fête qui s'était achevée lorsqu'un de ses gardiens l'avait rattrapé et ramené à la grotte, les regards des moudjahidin sur lui avaient changé. Nikolaï faisait rire les hommes de Najmudine. A-t-on souvent vu des geôliers rire de leur prisonnier ? D'un rire non de moquerie mais de tendresse ?

Alors que je cherchais toujours Massoud, Nikolaï, lui, avait voyagé à travers les montagnes qui bordaient la vallée. Le groupe du commandant Najmudine s'était déplacé plus à l'est, par les lignes de crêtes que les

Soviétiques ne pouvaient contrôler. Combien de lieux avaient-ils occupés ? Il n'avait pas compté. Plusieurs. Il s'était alors rendu compte combien cette résistance était organisée. La ténacité de ces Afghans constituait leur plus grande force. Elle semblait indestructible. Au-dessus de chaque village détruit par l'aviation soviétique, des paysans, devenus de redoutables combattants, se fondaient dans la montagne, harcelant l'ennemi à chaque occasion. C'est ceux-là mêmes qui riaient toujours d'apprendre qui était Nikolaï et ce qu'il avait fait. À chaque fois, c'était le même cérémonial : les embrassades, le repas partagé, une nuit, puis un départ et la marche. Marcher, marcher. Comme si les montagnes avaient fini par recouvrir la planète entière et qu'on l'avait condamné, lui, le Russe, à se rendre au bout du monde.

Un jour, se souvenait Nikolaï, il en alla autrement. Un grand nombre d'hommes étaient rassemblés. Des combattants avec leurs fusils, des muletiers et des paysans. Il y avait des troupeaux de chèvres et de moutons, et quantité d'enfants. Ce n'était pas habituel. Les hommes chargeaient les montures avec des caisses de munitions venues du Pakistan. Nikolaï s'étonnait des ballots emplis de vivres, de vêtements et des grappes de chaussures militaires que les caravaniers attachaient sur le dos de leurs bêtes, les transformant en d'étranges animaux.

« Des montagnes de godasses avec de petites jambes dessous », disait-il.

Nikolaï n'oublierait jamais ce soir-là. Il faisait chaud, plus chaud que ces jours passés à survivre. Il s'était mis à somnoler, allongé à l'écart d'un groupe d'Afghans installés autour d'un feu. Ils parlaient fort, comme à leur habitude. À force de ne pas les comprendre, leurs paroles étaient devenues musique et Nikolaï s'était endormi. Combien de temps avait-il vécu cette évasion mentale ? Pas longtemps. Le réveil avait été brutal. Il s'en souvenait encore. Trois costauds l'avaient attrapé, sans ménagement. Que s'était-il passé ? Abdelmokadas, celui qui avait réclamé sa mort, avait-il eu raison des autres ? Ils profitaient d'une absence de leur commandant pour lui régler son compte. Il allait mourir. Et voilà que ces salopards, disait-il, lui avaient arraché sa veste. Les fumiers ! Que voulaient-ils ? Il s'était souvenu des propos de Zanoviev, son capitaine, sur les tendances de ces Afghans. Ils s'acharnaient pour lui retirer son pantalon. Ils étaient forts, très forts, et lui, Nikolaï, incapable de leur résister. Et ils riaient, les cons, de le voir paniquer, se débattre, hurler. Il avait beau mettre toutes ses forces à leur résister autant qu'il le pouvait, il s'était retrouvé presque nu, en caleçon. C'était ça : ils allaient le violer ! Il vit alors un moudjahid approcher, des vêtements afghans à la main. Non, ces Afghans-là n'avaient aucune tendance homosexuelle, pas comme à Kandahar, devait-il apprendre plus tard, où, disait-on, les corbeaux qui survolent la ville volent d'une aile, l'autre leur servant à se cacher le cul.

Fini l'uniforme de l'armée soviétique. Nikolaï avait été habillé à l'afghane, chemise à longs pans et pantalon bouffant. Fini cette part d'identité qui l'attachait à son monde, à cet univers où on l'avait trahi sur le sens d'une révolution qui n'était qu'une folie de guerre. Fini l'attachement à cette armée dans laquelle il avait prêté le seul serment de son existence : jurer de ne pas trahir, faute de quoi il serait voué à la haine universelle et au mépris des travailleurs. Des mots tout ça, des mots s'effilochant dans le vent.

« Avec ces vêtements afghans, disait Nikolaï, j'avais franchi la frontière de la trahison. »

Des vêtements trop grands. Il flottait dedans, ce qui fit rire les moudjahidin. Plus tard, on lui en fournirait à sa taille, mais, ce soir-là, il fut bien obligé de rouler les manches de la chemise et les bas du pantalon pendant que les trois costauds qui l'avaient tant effrayé se disputaient son ceinturon et ses bottes.

Au petit matin, Najmudine, de retour, inspecta Nikolaï avec amusement et fit mine d'être satisfait. Il lui tendit un miroir, ce petit miroir rond que tout Afghan qui se respecte ne manque pas d'avoir dans sa poche.

« Les Afghans, disait Nikolaï, sont plus coquets que

les gonzesses de Kirjatch les soirs de fête. Toujours à se regarder dans un miroir, à se tailler la barbe ou, pour certains, se mettre du khôl aux yeux... », ajoutait-il.

Dans ce miroir, Nikolaï vit un autre Nikolaï. Un Nikolaï au visage amaigri, à la peau bronzée, avec une barbe et des cheveux longs. C'était lui, sans être lui. Lui, le Russe. Lui, le soldat soviétique. Mais c'était aussi lui, cet Afghan. Encore vivant. Bien vivant ! Lui comme un autre. Ses yeux s'étaient éclaircis. Ses cheveux étaient secs comme de la paille, éclairés par la poussière du Panjshir. Sa barbe allongeait son visage. Il n'avait pas l'air malade. Oui, c'était bien lui, Nikolaï. Nikolaï Alexandrovitch Petrov ! Najmudine avait interrompu son trouble en lui envoyant une claque dans le dos. L'Afghan avait éclaté d'un rire tonitruant, regardant son prisonnier s'intégrer dans la communauté de son groupe mobile. Massoud désignait ainsi ses commandos : des groupes mobiles. Et pour être mobiles, ils l'étaient.

Le groupe, les ânes et les chevaux s'étaient mis en route. La poussière avait remplacé les cailloux sur un sentier qui les conduisait vers d'autres caches, plus élevées. L'Hindu Kush étendait au-dessus d'eux ses monts, ses pics, ses volumes de granit coiffés de neige. Les hommes et les bêtes traversant ces paysages étaient ramenés à des proportions qui les rendaient minuscules, infimes fragments d'une immensité qui les dépassait.

L'idée et l'envie de fuir n'avaient toujours pas quitté Nikolaï. Mais il était lucide :

« La montagne était ma prison, disait-il, la même qui était en train d'enfermer notre armée dans le piège où elle avait eu l'imprudence de se risquer. »

Pendant ce temps, plus au nord, moi aussi je marchais. Jour après jour, les témoignages que je glanais sur l'aide apportée par les Américains aux groupes extrémistes afghans me mettaient plus en colère. Pourquoi les Américains manifestaient-ils un tel intérêt à se mêler du drame afghan ? N'étaient-ils pas devenus stupides, du haut de leur puissance, à force de considérer le monde comme un vaste jeu d'échecs ? Était-ce une bonne stratégie que d'armer les islamistes les plus radicaux ? Dès le début de l'occupation soviétique, en décembre 1979, pensaient-ils pouvoir jouer avec les Afghans comme avec des pions ? Croyaient-ils vraiment que les redoutables manipulateurs de l'islam politique, ennemis de l'Occident, allaient devenir les adversaires les plus efficaces contre l'armée soviétique ? Dès 1982, ils avaient commencé à financer un ennemi de Massoud, Gulbuddine Hekmatyar, celui que les services secrets de l'armée pakistanaise leur avaient désigné comme le plus antisoviétique, car le plus fondamentaliste. Cet homme, pourtant, les méprisait et ne luttait que pour accomplir ses noirs desseins.

À parler des heures avec les combattants afghans, j'apprenais sur cette armée soviétique en opération le contraire de ce que les militaires occidentaux expliquaient aux hommes politiques lorsqu'ils réclamaient toujours plus de crédits pour préparer leurs armées à contrer le danger de l'expansion soviétique. J'étais étonné de découvrir de combien de faiblesses cette armée puissante, tant redoutée à l'Ouest, souffrait : un grand nombre de ses bombes n'explosaient pas, ses véhicules tombaient souvent en panne, ses moyens de communication radio étaient très défectueux. Quant au moral des soldats, il était en dessous de zéro. Mal traités, mal nourris, mal équipés. S'ils n'avaient pas été si rustiques, il y a longtemps qu'ils se seraient effondrés. L'armée soviétique était brutale, peu sophistiquée. À l'étudier, on aurait pu en tirer d'incroyables leçons. En fait, à cette époque, la menace soviétique arrangeait militaires et politiques. Les militaires obtenaient de pouvoir se doter de nouveaux armements, toujours plus coûteux. Les politiques détournaient l'attention en brandissant l'éternel danger venu de l'extérieur. La propagande est un poison dont les effets à long terme se révèlent surprenants et dramatiques.

En pénétrant en Afghanistan, les Soviétiques se sont perdus eux-mêmes. Ils ont mis le feu à la mèche d'une bombe, celle d'un islam politique que l'aveuglement américain allait rendre encore plus explosive. Les Afghans rêvaient d'être aidés par les Européens. Massoud ne l'était pas. Ou si peu ! Les Américains, à qui les Pakistanais délivraient leurs conseils empoisonnés, se refusaient à le prendre en considération. Les services secrets de l'armée pakistanaise s'étaient chargés de répandre l'information selon laquelle il n'était qu'un petit commandant, mis en avant par des journalistes dont je faisais partie, Français de surcroît, fascinés par son charme. Quelle connerie ! Les Américains avaient préféré poursuivre leur aide à Hekmatyar, chef du parti extrémiste radical fondamentaliste, Hezb-e-islami, criminel avide de pouvoir personnel, pion majeur du jeu pakistanais, prêt à commettre tous les crimes, comme il en donnerait la preuve plus tard en bombardant Kaboul alors qu'il venait d'être nommé Premier ministre... Une autre histoire !

Nikolaï, lui, ne savait rien des réels enjeux de cette guerre d'Afghanistan. On lui avait menti en lui laissant croire que l'armée soviétique, « appelée au secours de la révolution communiste afghane par les Afghans eux-mêmes », était présente dans ce pays pour y apporter progrès et révolution. À coups de bombes sur la plupart des provinces du pays, elle avait bon dos l'émancipation des femmes afghanes ! Celles-ci perdaient leurs fils et leurs maris sous un flot de violence qui n'était pas près de s'arrêter.

Pour Nikolaï, le temps s'écoulait, d'un lieu à l'autre, de l'aube au crépuscule. La maison, Kirjatch, Vladimir, Igor, Boris, c'était fini. Avaient-ils seulement existé ?

La maison, Kirjatch, les amis, si irréels. Son deuil était fait. C'est ce qu'il croyait.

« À partager la peine et les morceaux de pain avec ces paysans afghans, tu vois, disait-il, j'ai oublié ce que j'étais avant. Je n'avais plus peur. J'étais traité comme eux, ni plus ni moins. Pourquoi me plaindre ? »

Lui qui avait été baptisé par le pope de Kirjatch, ce vieux fou de Sergueï, qui voyait l'antéchrist partout et poursuivait les alcoolos de ses sermons, lui, le petit Nikolaï, avait dû apprendre à procéder à ses ablutions, à dire la prière et devenir musulman. Nikolaï Alexandrovitch Petrov avait embrassé l'islam par un après-midi d'automne de l'année 1984. « *Achahadou anna la ilaha Allah wa achahadou Mohamed rasoul Allah* », « Il n'y a de Dieu qu'Allah, et Mohamed est son prophète », avait-il répété des centaines de fois devant ses compagnons, heureux d'assister à sa transformation. On lui avait donné un nom afghan : Ahmad. Il se souvenait de ces instants. Il se souvenait aussi de quelques rigolades. Dans un champ, devant des ruines de plusieurs maisons, un vieux mollah à barbe blanche prétendait que les Russes descendaient tous directement des singes. Il avait protesté de voir un moudjahid donner son enseignement à Nikolaï. Les autres avaient ri. La religion, à cette époque, était encore bon enfant. Elle avait peu à voir avec la politique.

Les moudjahidin récitaient la prière, ensemble, rassemblés les uns à côté des autres, silencieux et graves, humbles et fragiles. Nikolaï imitait leurs gestes, ânonnant des mots dont il ne comprenait pas le sens, des sons plus que des mots. Ils le laissaient en vie. Dieu, Allah le plus grand, le tout-puissant, l'Unique ! Et cette merde de guerre. Pourquoi transformer cet Afghanistan en un lieu maudit ? Pourquoi inciter les hommes à croire qu'il existe un paradis s'ils ne parviennent pas à profiter de celui qui pourrait exister sur cette terre, à leur portée ?

Des prières, il y en avait chaque jour, plusieurs fois par jour. En échos répétés, elles se perdaient en successions de plaintes expédiées vers Allah. Sans cesse les Afghans priaient dans leurs montagnes immenses qui s'éternisaient au-delà des horizons.

Des jours avaient succédé à d'autres jours. Nikolaï les avait comptés puis s'était trompé. Perdu dans le temps afghan, comme dans l'espace de leurs montagnes, il s'était juré de ne plus jouer au comptable de son existence. Le temps existait, preuve qu'il appartenait encore à ce monde, ce monde si différent de celui de Kirjatch. Se laisser aller au gré du courant...

Deux Nikolaï coexistaient : le Russe, le Soviétique d'avant sa capture, et celui des champs afghans, des montagnes et des prières de ces croyants qui le regardaient maintenant comme un frère. Qui était-il réellement ? Comment répondre ? Le temps, invisible, signalait sa présence par des expressions naturelles : les saisons, les rides sur les visages, l'érosion des montagnes. Les jours succédaient toujours aux nuits, les nuits aux jours.

Après l'automne, l'hiver était venu. Rude, froid, avec des vents qui frappaient les hommes sans ménagement. La nature forgeait les Afghans. Elle ne faisait pas de compromis. Ceux qui ne pouvaient y résister mouraient. Cette sélection laissait en vie des êtres vigoureux, forts, de redoutables ennemis pour les militaires soviétiques. Plus Nikolaï découvrait les moudjahidin, plus il mesurait combien la guerre allait coûter en vies humaines et combien il serait difficile de les mater, comme le prétendait le capitaine Zanoviev. Pauvre capitaine, vaincu par la drogue, détruit par le désespoir, violent par faiblesse.

Un jour de neige et de vent glacial, Nikolaï s'était retrouvé assis en tailleur, parmi quelques jeunes moudjahidin, emmitouflés dans leurs patous. Ils se trouvaient dans la montagne, à l'abri du brouillard, au fond d'une bergerie abandonnée par son berger et ses bêtes. Ils étaient en train de lui enseigner quelques rudiments de dari à partir du maigre repas qu'ils partageaient : thé (qui se dit *tchaï*), pain (*nan*), fromage (*pamir*). Ils avaient le même âge. Les gestes remplaçaient les manuels scolaires. Lorsque Nikolaï, répétant après eux, ne prononçait pas correctement les mots, ils riaient de bon cœur. L'un des Afghans, Aziz, avait un don étonnant pour imiter le chant des oiseaux, surtout le rossignol. Il reproduisait à la perfection l'oiseau chantant dans un arbre, le mimait en train de voleter à travers des branches. Un vrai spectacle. Aziz faisait mine d'attraper l'oiseau imaginaire, mais celui-ci s'envolait et le provoquait de son chant.

– Parende, l'oiseau, disait l'imitateur, montrant du doigt un feuillage imaginaire.

De son côté, Nikolaï s'amusait à leur apprendre quelques mots de russe, leur donnant à comprendre que certains étaient identiques en dari et en russe : le thé, par exemple. Et le melon qui se dit *arbouz*. Un autre imita le chant du coq d'une manière incroyablement réaliste puis fit entendre une vache, une chèvre et le miaulement d'un chat. Pour la première fois, Nikolaï se souvenait d'avoir ri aussi franchement qu'avec ses copains de Kirjatch. Lui aussi était un jeune qui aimait rire. Lui aussi était un gars de la campagne qui n'avait pas besoin de manières pour être bien avec ceux qu'il sentait amicaux et fraternels.

La leçon prit un tour inattendu lorsque Nikolaï se mit à imiter le grognement du cochon. Tous le regardèrent, perplexes. Ils n'avaient jamais vu ni entendu cet animal. Nikolaï en rajouta, amusé par leurs mines intriguées.

– *Kourk !*

Tous étaient en train de faire le cochon lorsque Nadjmudine arriva.

Les trois jeunes cessèrent de rire.

S'adressant à Nikolaï, sur un ton qui se voulait pédagogue, Najmudine fit remarquer que le cochon était interdit aux musulmans :

– Pourquoi fais-tu le cochon ? Le Coran l'interdit.

– Cochon ! Délicieux ! répondit Nikolaï, fier d'utiliser ses premiers mots de dari.

– Kourk ! fit Nadjmudine, feignant l'indignation.

Il s'était jeté sur Nikolaï, l'avait attrapé par le collet. Les jeunes s'amusaient du tour qu'avait pris la discussion. Dominé par le géant, Nikolaï se débattait, en proie à un rire nerveux, enlevé dans les airs comme une plume. Il était fort, ce Najmudine. Nikolaï lui agrippa pourtant les cheveux, le faisant rugir, mais Najmudine le mordit à la main et le reposa sur le tapis.

– Et Allah ?

Nadjmudine ne comprenait pas.

– Allah ?

– Tu ne vas pas me manger ! Puisque je suis un cochon.

Voilà ce qu'il avait dit à ce géant. Et lui de répondre, avec son rire énorme :

– Tu sais bien que ma religion me l'interdit.

Ils éclatèrent tous de rire. Entre humains, tout pouvait être si simple.

À cet instant, se souvenait Nikolaï, des images de la

Russie l'avaient envahi aux larmes. Écartelé entre deux mondes condamnés à la folie, il discernait, à travers ses larmes, le reflet d'un Leonid Brejnev, aperçu sur une photo, responsable de tant de malheurs.

L'hiver, les opérations militaires étaient ralenties par la neige. En hiver, en Afghanistan, tout se fige. Même la guerre. Les cols sont infranchissables, les villages se replient sur eux-mêmes. L'hiver, en Afghanistan, c'est aussi le temps des *bozkachis*, même en temps de guerre.

Le bozkachi est ce jeu à cheval qui consiste à attraper une dépouille de bouc et à l'emporter au galop vers un cercle dessiné au sol, le cercle de l'éternité. Sorte de rugby à cheval où tout est permis, où hommes et bêtes se battent pour vaincre.

Ce jour-là, racontait Nikolaï, ils étaient une centaine de cavaliers, rassemblés dans un champ, à la lisière d'un village. Les habitants du village où ils avaient installé leur campement étaient là comme ceux des villages avoisinants. Le public entourait un vaste espace.

Le jeu avait commencé par une cavalcade effrénée. C'était à celui qui s'emparerait, le premier, de la dépouille du bouc dont on avait tranché la tête. Nikolaï se trouvait près des moudjahidin du groupe de Najmudine. Des enfants étaient grimpés dans les arbres. Tout le monde criait et riait. À croire que la guerre n'existait plus.

De la mêlée sortit un cavalier couché sur sa monture. À bout de bras, il agrippait dans sa main droite le bouc, qui devait bien peser quatre-vingts kilos. Les autres, lancés à ses trousses en des galops frénétiques, cravachaient leurs chevaux. Le cavalier devait contourner un arbre situé à l'extrémité du champ, puis revenir et atteindre le cercle où il déposerait la dépouille de l'animal. À un moment, Nikolaï crut qu'il allait distancer ses adversaires. C'était sans compter avec la fatigue du cheval et les pièges du terrain. La monture trébucha sur une pierre. Les autres, lancés à pleine vitesse, rattrapèrent le cavalier trop arrogant et lui arrachèrent le bouc. Une mêlée se forma. Un groupe de cavaliers fonça vers le public. Ces hommes-chevaux ne voyaient rien d'autre que le bouc à saisir. Ils ignoraient les curieux sur leur passage, ils ignoraient les montagnes qui bordaient le champ. Une clameur retentit. Nikolaï, tiré par le bras, échappa de justesse au choc d'un cheval au galop. Les enfants, dans les arbres, riaient de bon cœur. Sautant par-dessus un muret, les cavaliers, rendus fous par la tension du jeu, faisant corps avec leurs chevaux lancés dans des galops de folie, sortis du champ, traversaient en trombe l'espace où s'étaient agglutinés les paysans.

Najmudine riait et regardait Nikolaï. Le jeu dura longtemps, jusqu'à épuisement des chevaux. Les affrontements étaient violents, les cavalcades nombreuses, sans trêve. Parfois, la mêlée était si compacte que Nikolaï se demandait comment un cavalier allait pouvoir se dégager de la masse. Les chevaux écumaient, se grimpaient les uns sur les autres, comme un essaim d'abeilles, à la différence que les animaux présents abritaient du feu dans leurs veines et leurs muscles qu'un été de pâturage avait reposés. Les *chopendozs*, c'est ainsi qu'ils nommaient les joueurs de bozkachi, cravachaient, éructaient, libéraient sans retenue leurs énergies bouillonnantes et leur fierté d'être celui qui saisirait la dépouille. L'un d'eux, allongé contre le flanc de sa monture lancée au triple galop, se dégagea de la masse pour l'emporter jusqu'au centre du cercle, au cri de « *Hallal hallal hallal !* ». Il avait gagné. On le saluait. Le public applaudissait, heureux de reconnaître Abdullah Aziz, du village de Dashtak. Les chevaux reprenaient leur souffle, les hommes leur force. Et c'était reparti pour une nouvelle aventure, jusqu'à épuisement.

Nikolaï avait tant d'images dans la tête, tant de moments vécus parmi ces Afghans qu'il avait appris à ne plus juger selon ses critères de Russe. Il avait compris qu'ils étaient avant tout des paysans, des hommes de la terre, capables de parler des heures de l'influence de la lune, du temps, de la qualité de la terre et de l'eau, et de se disputer sur la distribution des semences ou la mise bas d'une vache. Et tous parlaient fort. « À cause de l'eau », disait-il. L'eau, cette denrée abondante que livraient les montagnes, dévalait des pentes, se frayait des voies inattendues, se transformant en d'impressionnants torrents en furie. Cette eau donnait aux meules des moulins la puissance d'écraser le blé. Elle contraignait les hommes de ces vallées à parler haut pour se faire entendre, contribuant au développement de leurs poumons, de leurs torses, de leur énergie.

14

Le printemps était revenu, fidèle au rendez-vous des saisons. Si les jours s'égrenaient tels des grains d'un chapelet dans la main de Dieu, les nuits demeuraient solitude. Au nord de la vallée du Panjshir, je me demandais parfois si le jeune Russe était encore vivant. Avait-il lu le livre que je lui avais laissé ? Ce livre de poésie où il était écrit : « Il est un air dans l'air où tremble une chanson. Fébrile est ma raison... »

Plus tard, Nikolaï me confia :

« Au début du printemps un événement changea mon existence. »

Depuis l'hiver, à l'exception de quelques bombardements aériens, l'activité militaire avait cessé. Tous savaient pourtant que cette trêve serait de courte durée. Ils rassemblaient leurs forces et leur courage comme pour une nouvelle manche de bozkachi. Massoud leur avait expliqué que la guerre serait longue. Ils s'y préparaient chaque fois un peu plus, un peu mieux, rêvant de survivre, n'en déplaise aux mollahs qui osaient prédire le paradis à ceux qui choisiraient le martyre. Nikolaï entendait dire que Massoud cherchait à s'allier avec d'autres Afghans : Ouzbeks, Turkmènes, Hazara, Pachtounes, ces ethnies dont il ne savait rien des richesses.

Nikolaï n'avait pas encore rencontré Massoud. Il savait juste, comme tout Soviétique embarqué dans cette guerre, que Massoud était le pire ennemi. Le redouté Massoud que les généraux craignaient mais qu'ils respectaient. Nikolaï avait compris combien, dans cette vallée, Massoud était important. Non seulement il était respecté, mais tous l'aimaient.

Nikolaï se tenait au frais sous le feuillage dense d'un mûrier du verger de Malaspa, l'un des villages de la vallée, observant des paysans occupés à préparer la terre. Les bœufs qui tiraient les socs de bois étaient maigres, comme les hommes. L'acharnement de ceux-ci à s'accrocher à leurs terres était incroyable. Nikolaï comprenait leur capacité à résister, malgré la guerre, malgré les bombes, malgré les peurs. Ce jour-là, des enfants l'entouraient. Ils jouaient à le faire parler en dari. Il n'y avait rien d'autre à faire. En temps de guerre, il en va souvent ainsi : des périodes d'attente surviennent où il ne se passe rien. Les accalmies sont nombreuses, souvent trompeuses, hélas.

L'air était tiède. Les fleurs qui avaient surgi de leurs

caches d'hiver délivraient des arômes légers, certains sucrés, d'autres épicés. Sans doute cette douceur éveilla-t-elle en lui une sensibilité encore vive puisqu'il s'était mis à chantonner l'une de ses chansons russes, une chanson d'enfance de sa mère. Les petits Afghans l'écoutaient en souriant.

Plus loin, un homme vint s'asseoir sous un arbre, et accorda un instrument de musique à cordes, constitué d'une caisse de résonance étrange, un *robab*. L'homme, un Afghan aux cheveux longs, aux yeux bleu turquoise, se mit à jouer une mélodie très épurée. Chacun le connaissait dans la vallée.

– Assad, dit un enfant.

Un homme élégant, à la barbe soigneusement taillée, vêtu d'un gilet de velours vert et d'une veste noire. Assad, le sage, le musicien-paysan, et le moudjahid démineur du groupe de Najmudine. Il dégageait une sérénité apaisante et son sourire, son merveilleux sourire, jamais éloigné, livrait comme une clef à une fraternité naturelle. Intrigué par la musique qu'il entendait, Nikolaï s'approcha avec une bande d'enfants amusés. Assad lui sourit, l'invita à prendre place à ses côtés, face aux champs. Il jouait de la musique en regardant les paysans travailler la terre, rêvant, le regard perdu vers la succession des parcelles cultivées. Nikolaï écoutait sa musique. Il lui sembla l'avoir déjà entendue. N'était-ce pas celle qu'il avait écoutée dans la grotte où on l'avait caché la première nuit ? Nikolaï remarqua les mouvements des doigts du musicien attentif, et se souvint de sa guitare. Sa guitare !

Ses amis de Kirjatch. Les chansons à nouveau. Le choc d'un passé révolu vint soudain le submerger. Le regard d'Assad semblait comprendre.

Lorsque Nikolaï essuya des larmes, avec la manche de sa chemise, Assad arrêta de jouer et le regarda avec gravité. Il posa le robab et se mit à dire un conte, un conte du poète Rûmî. Assis autour, les enfants, silencieux et fascinés, écoutaient le sage. Nikolaï en comprit le sens qui s'adressait à lui, le prisonnier.

– Lorsque l'oiseau, raconta Assad d'une voix grave, lorsque l'oiseau se pose sur un mur et voit les graines qui servent d'appât au piège, son désir le pousse vers ces graines. Il les regarde, puis se fige et contemple les vastes plateaux. L'oiseau, alors, qui résiste à cette tentation s'envole vers l'immensité de l'espace, plein de joie...

Le sage reprit son instrument et déclina le poème en musique sans lui poser la moindre question. Pour toutes ces attentions, Nikolaï l'aima.

« C'est devenu mon ami, mon frère musicien. »

Soudain, se souvenait Nikolaï, le grondement terrifiant de deux Mig piquant vers la vallée sema la peur sur tant de délicatesse. Les visages se crispèrent. Assad arrêta de jouer et scruta le ciel avec les autres. Les avions passèrent sans bombarder et s'éloignèrent dans leur tonnerre. Nikolaï demanda alors à emprunter le robab. Intrigué, Assad le lui tendit. Il observa la manière dont Nikolaï plaçait ses doigts. Nikolaï en sortit d'abord des sons en désordre, intimidé qu'il était. Les enfants le regardaient, émerveillés. À la surprise générale, sans s'embarrasser de l'originalité de l'instrument, il se mit à jouer comme avec sa guitare, improvisant une chanson. Tous oublièrent les avions. Il n'y avait plus, autour d'eux, que des anges, sans peintures de camouflage, voletant comme des libellules et chantant. Nikolaï chantait en russe. S'étant levé, il dansait sur place pour la joie de tous. Les paysans avaient abandonné leurs champs, et s'étaient rapprochés pour savourer le spectacle.

– De mon ceinturon, l'étoile a disparu, chantait Nikolaï. Je perds mon pantalon. Qu'est devenu mon nom ? Je ne sais plus qui je suis ! Un homme, une pomme et des enfants afghans...

Les avions revinrent. Cette fois, tout le monde courut se réfugier aux abris. Les bombes soviétiques, en explosant, déchirèrent l'harmonie de ce printemps, effaçant les mélodies qui y avaient existé.

Le lendemain, dans un champ, Nikolaï, intrigué par des sons métalliques, s'approcha d'un monticule de terre derrière lequel se trouvait un énorme trou. Deux hommes y étaient occupés à dégager une bombe qui n'avait pas explosé et s'était enfoncée dans la terre.

L'un d'eux était Assad. Ils tapaient comme des forcenés sur la bombe russe de deux cent cinquante kilos pour tenter d'atteindre le détonateur. Au bord du trou, Nikolaï poussa un cri. Assad sourit, découvrant le visage défait du jeune Soviétique, mais reprit son travail. Les Afghans, peu équipés, peu ravitaillés en armes et en munitions, en récupéraient le plus qu'ils pouvaient sur l'ennemi. Assad cherchait là de l'explosif. Bricolage afghan non sans danger car de l'avis de Nikolaï, leur méthode était plus que rudimentaire. Aussi sauta-t-il dans le trou et, lui arrachant le marteau de la main, expliqua avec des gestes pourquoi la bombe risquait d'exploser. Devant les expressions amusées des Afghans, Nikolaï simula un coup de marteau, mimant leurs corps partant en mille morceaux. Assad rit de plus belle. Nikolaï lui indiqua alors une autre façon de s'y prendre, plus sûre, mais Assad était têtu, et afghan. Il s'était remis à dévisser le nez de la bombe.

« J'étais remonté à la surface du champ et m'étais pressé de retourner vers la maison lorsqu'il y eut une explosion. »

Le souffle fit onduler l'air avec violence. Nikolaï, pris d'effroi, revint en courant sur ses pas. Du trou béant sortait une fumée épaisse et noire. Il ne devait pas rester grand-chose de leurs corps. Prudemment, il s'était avancé lorsque, de derrière le muret de pierre qui marquait la bordure du champ, émergea Assad éclatant de rire, suivi d'une dizaine de blagueurs.

– Bombe chouravi mauvaise, rouillée. Matériel russe pourri !

Ils avaient fait sauter le détonateur, pour rire !

Le soir, se souvenait Nikolaï, une quinzaine d'hommes buvaient du thé, réunis autour d'Assad qui jouait du robab. Il leur avait raconté l'aide fournie par Nikolaï pour désamorcer la bombe et sa plaisanterie. Ils riaient et riaient et riaient. Et chacun de regarder Nikolaï avec affection.

« Pour la première fois, tous m'appelèrent Ahmad. »

Assad jouait les yeux fermés ou baissés vers son robab. De temps en temps, il les ouvrait pour regarder Nikolaï et lui sourire. Musique afghane. Mieux qu'une ivresse à la vodka, mieux que des taffes de hasch, mieux que l'oubli à la défonce, Nikolaï se sentait envahi d'une grâce jamais rencontrée auparavant suivant la mélodie comme si elle sortait de ses doigts. La virtuosité de l'Afghan faisait danser les notes à travers son cœur. Putain de musique ! Nikolaï était fasciné par le jeu d'Assad, ses doigts agiles, précis, effleurant à peine les cordes et le bois de l'instrument.

Plus tard, me raconta Nikolaï, dans la nuit, alors qu'au-dehors on n'entendait plus le bruit du vent, Assad se mit à réciter un autre conte de Rûmî. Une histoire d'éléphant qu'on lui expliqua le lendemain, en prenant du temps et en choisissant les mots. Un conte, pas un poème, dit de la voix sûre du conteur, grave, calme et claire comme l'eau d'un ruisseau nous entraîne à travers des pierres.

– On avait parqué un éléphant, avait commencé Assad. Un éléphant venant de l'Inde placé dans une étable obscure. La population, curieuse de connaître un tel animal, se précipita. Comme on n'y voyait guère à cause du manque de lumière, les gens se mirent à toucher l'animal. L'un d'eux lui toucha la trompe et dit :

« Cet animal ressemble à un énorme tuyau ! »

Un autre palpa les oreilles :

« On dirait plutôt un énorme éventail ! »

Un troisième, qui tâtait les pattes, dit :

« Non ! Ce qu'on appelle un éléphant est bel et bien une sorte de colonne ! Deux colonnes, trois, quatre colonnes ! »

Chacun d'eux se mit à décrire l'animal à sa manière.

Faisant glisser sa main sur les cordes du robab, Assad lâcha la chute accompagnée de quelques notes :

– Il est dommage qu'ils n'aient eu une bougie pour se mettre d'accord.

Autour de lui, rassemblés par l'attention, les visages des moudjahidin formaient un tableau à peine éclairé par la lampe à huile dont la flammèche se tenait à la verticale. Lumière dans la nuit. Groupe d'humains comme en prière, en attente d'un sens, qui soudain se découvre. Cette nuit-là, lorsque les hommes eurent quitté la pièce, Assad s'approcha de Nikolaï. Il lui prit la tête entre les paumes de ses mains, l'attira contre la sienne et, front contre front, enveloppa leur union d'un murmure de prière serti de l'immensité du silence.

« Cette grâce, disait Nikolaï, était un diamant. Jamais, de ma vie, je n'aurais pu imaginer connaître cette paix profonde. Assad était un sage. Un poète. Un musicien. Un ami. Et cette guerre, plus encore qu'auparavant, m'apparut aussi cruelle qu'absurde, preuve du diable et de ses tours de folie. »

Un jour, celui qu'ils appelaient le chef arriva. Voilà comment Nikolaï rencontra Ahmad Shah Massoud, celui que des journalistes appelleront le Lion du Panjshir. Celui dont chacun, ici, parlait avec respect et tendresse. Un chef qui souriait avec bonté. Un chef qui n'évoquait pas un chef, ne ressemblant en rien à Zanoviev et à ses lieutenants. Un chef qui vous regardait d'un air aimable, et s'exprimait d'une voix douce. Un chef qui ne criait pas, ne balançait pas de coups dans la gueule. Un homme parmi les siens, qui passait devant chaque combattant, l'interrogeant sur sa santé et sa famille. Les hommes de Najmudine étaient alignés dans un champ. Massoud encourageait, conseillait, répondait aux questions des uns et des autres. De temps en temps il plaisantait, rectifiant la tenue d'un de ses combattants. Les Afghans, rassemblés pour l'occasion, étaient de tous âges, vêtus pour la plupart de vêtements soviétiques. Quelques-uns étaient coiffés de pacole, d'autres portaient le turban. Lorsque le chef parvint devant Nikolaï, Najmudine le présenta :

– Voilà Ahmad...

Nikolaï n'était pas Ahmad. Il avait l'impression que ce chef l'avait compris. Il le vit sourire puis l'entendit lui demander, en un russe d'école, meilleur que celui baragouiné par le commandant Atiq :

– T'ont-ils bien traité ?

Nikolaï, regardant Najmudine, hocha de la tête.

– Es-tu officier ?

Nikolaï avait eu un sourire gêné. Il n'avait pas eu à répondre. Najmudine s'était penché vers le chef et lui avait chuchoté à l'oreille. Le chef avait éclaté de rire. Il avait alors dit : « Nous parlerons. »

Un soir, dans la pièce où Assad aimait jouer de son robab et réciter des contes soufis, les compagnons du chef étaient assis. On venait de leur apporter des plats de riz et de viande. À les voir dévorer avec appétit, on comprenait qu'ils n'avaient rien eu à se mettre sous la dent depuis plusieurs jours. Ils venaient de la montagne et de la plaine qui entourait Taloqan, une ville située plus au nord. Ils avaient passé le col de Zard, haut, froid et long à franchir. Après le repas durant lequel ils étaient restés silencieux, ils avaient étudié une carte déployée sur le tapis, une carte qu'il conservait comme un trésor.

Ce soir-là, le chef était entré. Il s'était assis près de Nikolaï qui grelottait de froid, enveloppé dans son patou.

– Tu as peur ? avait demandé Massoud en russe.

Nikolaï avait fait « non » de la tête.

– Mes groupes mobiles ont d'autres prisonniers. Les as-tu rencontrés ? Ils sont dans les karargas.

Il s'adressa ensuite à son secrétaire :

– Asham, combien sont-ils ?

L'homme répondit par le chiffre douze. Le chef sourit et regarda Nikolaï un temps, en silence. Il avait l'air dur et tendre à la fois. Il le regardait dans les yeux comme pour mieux le percevoir.

– Tu te demandes ce qu'on va faire de toi ?

Nikolaï sourit, gêné.

– J'ai envoyé un messager voir tes supérieurs. Nous leur avons proposé de t'échanger. On attend la réponse. N'est-ce pas une bonne idée ?

Nikolaï ne semblait pas rassuré. Le chef l'observait. Il sourit d'abord, puis partit d'un grand éclat de rire.

– Il n'a pas l'air d'avoir confiance en ses chefs ! fit-il à ses compagnons qui rirent à leur tour.

Le secrétaire fit signe au chef que des messagers attendaient depuis longtemps.

– Fais-les entrer !

Défilèrent alors une quinzaine d'hommes, issus de différentes provinces : un Pachtoun du Paktya, coiffé d'un turban blanc, un Hazara de Bamiyan, aux yeux bridés et malicieux, portant le bonnet coloré typique de cette région du centre, deux Tadjiks à l'allure sévère, l'un venant du plateau de Chomoli, plaine immense étendue de la périphérie nord-est de Kaboul à l'entrée des gorges qui marquent le commencement de la vallée du Panjshir, l'autre d'Andarab, vallée parallèle qui l'avait contraint de marcher vingt heures et de franchir le col de Khowak, à quatre mille deux cents mètres d'altitude. Tous apportaient des questions ou des réponses sous forme de messages qui ne cessaient d'aller et de venir par les sentiers traversant l'Afghanistan. Les uns de la part de leur chef de province, de commandants lointains, les autres de mollahs, de mollawis ou d'ulémas, qui se transmettaient oralement à l'oreille du chef, ou qu'ils déchiffraient à partir de bouts de papier pliés, sortis comme par enchantement de sous leurs vêtements.

Autant de problèmes en suspens depuis plusieurs semaines : problèmes de vivres, de munitions, de conflits divers, de situations familiales. Propositions de plans politiques, d'alliances complexes, de ruptures d'alliances. Le chef devait résoudre chaque cas. Il rendait la justice, tranchait, apportait ses conseils, ses remarques, et vite, car lui seul avait ce pouvoir de décider. C'était le chef. Mieux que quiconque, il savait comment résoudre les difficultés et entretenir le moral de ses hommes. Ainsi, sous les yeux de Nikolaï, demeuré dans la pièce, Massoud tranchait, réconfortait, encourageait, sermonnait, renvoyait, dictant plusieurs réponses à la fois. Attentif à ne pas troubler sa concentration, un homme avait apporté de l'eau chaude et des verres « made in France Duralex » qu'il avait posés sur le tapis, avec délicatesse. Le secrétaire avait sorti une boîte métallique jaune sur laquelle était inscrite la marque Klim, du lait en poudre provenant du Pakistan voisin – *milk* à l'envers. Après une quarantaine de minutes, le chef s'était adressé à Nikolaï en dari, se souvenant que le commandant Atiq lui avait dit que ce Russe était bon pour apprendre leur langue : il en saisissait déjà quelques mots.

– Sais-tu jouer aux échecs ?

Nikolaï avait sursauté. Il n'avait compris le sens de la question qu'à l'instant où le chef lui avait désigné un jeu d'échecs. Oui, Nikolaï savait. Son grand-père avait été champion d'échecs à force de passer tant d'années en prison. Il lui avait enseigné des tactiques fines et l'art de mémoriser et analyser celles de l'adversaire. Il lui avait même transmis des feintes propices à des retournements décisifs. Deux ennemis, un chef et un petit soldat, avaient commencé une partie, lancés l'un contre l'autre en un combat pacifique. Sur l'échiquier, quelques pions manquants avaient été remplacés par des douilles de balles ou par des balles. Le roi était incarné par une 12.7. Les cavaliers par des neuf millimètres. La dame représentée par une douille de 12.7. Un homme avait chargé le poêle de bûches sèches qui craquaient dans le feu. Il faisait chaud, ça sentait bon. De la fumée envahissait la pièce et la nuit les enveloppait comme un immense patou, brodé de brillants.

Lorsque je lui avais demandé qui avait gagné la partie, Nikolaï avait souri malicieusement.

« Avec mon grand-père, au cours de cette première manche, nous avons mis Massoud en grande difficulté. À la seconde, c'est lui qui a remporté la partie. Nous en avions commencé une troisième lorsqu'un messager est venu. Massoud a dû abandonner le jeu. »

Nikolaï n'avait pas revu Massoud.

Quelques jours plus tard, des moudjahidin, dont Assad et Nikolaï, étaient allongés sur une pierre, et observaient l'ennemi. À la demande de Massoud, ils étaient revenus vers la base où avait vécu Nikolaï. Vue de si haut, elle semblait si vulnérable ! Nikolaï savait que les canons pouvaient les atteindre. Les hommes qui y étaient retranchés vendraient cher leur peau en cas d'assaut. En cas d'attaque, les hélicoptères surviendraient, avec les Mig, et les Sukhoi. Que pourraient engager des combattants à pied contre des tanks qui les prendraient en chasse ? Ce qu'il ignorait, c'est qu'il était hors de question d'attaquer cette base. Massoud savait, lui, que la guérilla est une guerre de harcèlement. Il ne s'en prenait qu'aux petits détachements, sur des terrains connus, la nuit plutôt que le jour. La guérilla est une guerre d'usure. Une guerre psychologique, de peur, de terreur. Mieux que les moustiques, elle s'effectue par approches silencieuses, traîtres, vicieuses. La surprise est sa complice, le diable son conseiller. Blesser, terroriser l'ennemi, l'affaiblir, le rendre fou.

La nuit tomba lentement sur le paysage grandiose qui entourait la verrue de barbelés et de fûts de canon. Longtemps Assad observa l'ennemi à la jumelle. Il chuchota que l'armée gouvernementale afghane à la solde du régime communiste « vendu aux Russes » occupait une partie de cette position. Nikolaï le savait. Les Soviétiques n'étaient pas illuminés. Ils mettaient les soldats afghans dans les positions les plus exposées. Eux s'avançaient avec leurs blindés, leur artillerie, leurs engins de guerre volant à travers ce ciel bleu si proche du lapis-lazuli, où, en 1985, ils ne risquaient pas grand-chose.

Au pied d'un piton rocheux, une route serpentait au gré des fantaisies du terrain. Ils avaient choisi d'y poser des mines. Ils avaient attendu que la nuit tombe et les protège. Nikolaï avait pensé à Vladimir. Pauvre Vladimir ! À Kirjatch. À cette brute de capitaine Zanoviev et à tous les autres.

Un sifflement bref fit lever tout le monde. Courbés

en deux, ils coururent en avant. Tous étaient armés sauf lui. Ils s'étaient à nouveau immobilisés, tapis derrière un mur de rochers. Lorsque le soleil avait glissé au-delà de la ligne des crêtes, trois moudjahidin s'étaient avancés dans l'obscurité pour la phase la plus dangereuse de leur mission : poser les mines sur la route. Nikolaï était resté avec Assad, sur le point de repli. Il n'osait regarder la base de crainte d'y discerner un compatriote, de peur d'être pris d'une irrésistible envie de fuir. Assad l'observait à la dérobée. Au loin, les yeux s'étant habitués à l'obscurité, on pouvait voir les silhouettes des combattants, s'avançant, pliés en deux, portant deux mines en bakélite, une pelle et un patou pour disperser le surplus de terre. Ils venaient d'atteindre la route. On les apercevait maintenant occupés à creuser le trou, puis à placer les mines, et à recouvrir ce piège. Soudain une fusée éclairante s'élança dans le ciel, suivie d'une autre. Il y eut un tir de mitrailleuse en direction des hommes. Nikolaï savait qu'une sentinelle avait dû discerner quelque chose. Déjà les trois hommes revenaient. Assad leur fit signe de disparaître vers les hauteurs. Un temps, Nikolaï hésita. Il contempla la base, d'autres fusées éclairantes qui descendaient lentement vers la terre, comme autant d'étoiles éphémères décrochées du ciel.

« J'aurais pu courir vers la base, m'avait confié Nikolaï, mais c'était trop dangereux. On m'aurait pris pour un ennemi. Et je ne pouvais pas trahir Assad, abandonner notre amitié, rejoindre cette folie que j'avais appris à condamner plus que jamais.

» Cette nuit a ajouté une étape à ma compromission avec les Afghans. Cette nuit, j'ai pensé aux termes du serment qu'on m'avait fait déclamer sur la place de la caserne : cette fois-ci, j'étais définitivement devenu ce traître à la patrie voué à la haine universelle et au mépris des travailleurs. »

15

Comment ne pas raconter ce qu'il avait vécu, lui, le jeune Soviétique, en compagnie des moudjahidin de Massoud ? Il avait été si volubile à raconter tous ses souvenirs que je n'avais pas tout retenu. Certains moments l'avaient frappé, ému, amusé, d'autres terrorisé. Depuis la nuit où il avait tourné le dos à la base qui l'avait abrité, il savait qu'il avait franchi une frontière invisible mais réelle. Assad le lui avait chanté, un jour, rappelant la tristesse que peuvent causer des choix dans une vie.

Avec la fin de l'hiver, l'intensité des bombardements avait repris. Les torrents étaient devenus tumultueux. Les eaux glacées bouillonnaient, se fracassant contre les parois de granit. Une rumeur se répandit au sujet d'une vaste offensive soviétique en préparation. Des espions de Massoud infiltrés au sein de l'état-major soviéto-afghan en avaient rapporté l'information. Le commandant Najmudine demeurait souvent occupé, loin de ses hommes. Ceux-ci patrouillaient près des villages, s'entraînant pour le moment où les attaques, inévitablement, deviendraient à nouveau leur pain quotidien. Prêts au sacrifice, ils ne baisseraient jamais les armes devant l'ennemi.

Dans le monde occidental, on se souciait alors peu du sort des Afghans. Les spécialistes en géopolitique ne les avaient pas intégrés dans leurs données, sinon au poste de victimes. Au siège de l'ONU, à New York, chaque année, des diplomates réclamaient pourtant le retrait des troupes étrangères d'Afghanistan. Mais on ne disait pas « les Soviétiques ». Et chaque année, les Soviétiques se moquaient bien de cette réclamation ! Cet hiver, cent trente mille soldats soviétiques y avaient fêté la nouvelle année. Seize millions d'Afghans ne connaissaient plus la paix. Ben Laden, arrivé dès 1983, se vantait de participer à une guerre sainte, entouré d'autres Saoudiens, mais aussi d'Algériens, d'Égyptiens, de toutes les têtes brûlées que le monde d'un islam politique anti-occidental pouvait compter. En Afghanistan, ces mercenaires apprenaient la guérilla, à tuer sans remords, à se gorger de haine.

Un jour, alors qu'ils marchaient avec un groupe de combattants, près d'un village voisin, Assad s'arrêta pour offrir à Nikolaï une pomme, une poignée de noix et une sorte de caillou.

– *Talron*, avait-il dit. C'est sucré et ça donne des forces.

Nikolaï eut l'air incrédule. Il prit l'espèce de caillou, le regarda, le sentit et s'apprêtait à le lancer lorsque Assad retint son geste. Ses compagnons l'observaient comme à chaque fois qu'il le trouvait confronté à une situation nouvelle.

– C'est pas un caillou, ça se bouffe ! confirma un moudjahid.

Ils rigolaient. Enfin de quoi s'amuser. Nikolaï se leva, gêné d'être la risée du groupe. Assad croqua un morceau de ce caillou et prit un ton professoral :

– Talron ! Ça vient de nos ancêtres. De la farine de *toutes*. Tu sais, les mûres sucrées qui poussent dans nos arbres. Celles que tu as goûtées.

Assad cassa quelques morceaux et les distribua aux hommes puis à Nikolaï.

– Goûte, c'est très bon ! Autrefois, nos ancêtres en avaient toujours un morceau dans la poche. C'est avec ça qu'ils ont foutu une raclée aux Anglais !

Ils étaient restés à l'ombre d'un arbre, à inventer des blagues sur ce fameux talron qui donnait des forces, même aux djinns qui en mangeaient la nuit. Un moudjahid raconta l'histoire d'un certain Mullah Nasruddin, une histoire qu'on se transmettait à travers les temps et par-delà les frontières :

– Un jour, Mullah Nasruddin emprunta une casserole à son voisin. Deux jours plus tard, ce dernier envoya sa femme la récupérer. À l'intérieur de leur casserole, se trouvait une petite casserole. « Femme, dit-il, on a prêté une casserole et voilà qu'on nous en rend deux. » Sa femme répondit : « Cette casserole a accouché d'une petite pendant qu'elle était chez Nasruddin. » Un autre jour, Nasruddin emprunta de nouveau la casserole. Le voisin la lui offrit avec plaisir. « Ce sont des gens très bien, disait-il. Chez eux les grandes casseroles accouchent de petites casseroles. »

« Cette fois, Nasruddin avait tardé à rendre la casserole. Lorsque le voisin la lui réclama, il répondit qu'elle était morte. "Comment une casserole peut-elle mourir ?" demanda le voisin. "Elle est morte en couches !" répondit Nasruddin. »

Ils avaient ri puis avaient repris la marche. Nikolaï avançait au même pas qu'eux, longtemps, sans s'arrêter. Il était devenu alerte. On aurait dit un Afghan, tant son apparence avait changé : ses cheveux avaient poussé, comme sa barbe. Sa peau avait bronzé et ses attitudes relevaient de la théâtralité afghane : il avait appris à sourire en lançant des regards malicieux, à jouer avec les tonalités de la langue persane, à tenir la main d'un compagnon, à manifester son respect aux personnes âgées. Plus rien ne le distinguait des autres. Il était loin du jeune homme de Kirjatch.

Ce jour-là, Assad, qui marchait en tête, de bonne

humeur, parlait sans cesse. Au fur et à mesure qu'ils approchaient du village que Nikolaï reconnaissait avec horreur, il s'était mis à commenter les lieux, montrant du doigt ce qui restait des maisons à la suite d'un bombardement aérien qui avait eu lieu plusieurs mois plus tôt. Il racontait que les Russes étaient venus avec l'armée gouvernementale pour enrôler des hommes de force. Nikolaï ne le savait que trop. Jamais il ne pourrait effacer ce lieu de son esprit.

Du sentier sur lequel ils marchaient, le village se trouvait en contrebas. On voyait cette partie de la vallée où se rejoignaient les deux bras du fleuve, deux bras qui se réconciliaient dans le secret des murs d'un moulin en pierres. Le village était construit autour, avec ses maisons de torchis abandonnées.

– Avant, les gens d'ici étaient des vantards ! avait dit Assad qui s'était arrêté pour regarder ses compatriotes. Tellement vantards qu'après les repas, ils passaient des heures à se curer les dents pour faire croire qu'ils mangeaient de la viande tous les jours !

Les autres avaient ri. Il en allait souvent ainsi. Des maisons en ruines que Nikolaï croyait vides, sortirent des paysans qui invitèrent les moudjahidin à boire le thé. Assad avait accepté. Autour d'un arbre sans feuilles les hommes s'installèrent à même le sol tandis que des enfants apportèrent tapis, coussins et couvertures.

« Imagine la peur que j'avais de me retrouver dans

ce village ! avait dit Nikolaï. Le village de Mozg ! Je me souviens de m'être écarté du groupe pour satisfaire une envie naturelle. »

Nikolaï était allé près du fleuve, s'était accroupi à l'abri des buissons lorsqu'il avait entendu des rires de femmes.

« Je me suis avancé pour les observer. Elles étaient occupées à faire leur lessive, tchadris relevés, elles plaisantaient. C'était si beau de voir des femmes ! »

Nikolaï resta là, accroupi, à contempler leurs yeux, leurs bouches, leur beauté. Il était à ce point médusé qu'il n'avait pas remarqué qu'une jeune fille, portant un foulard qui lui laissait le visage découvert, se dirigeait vers l'endroit où il était caché. Elle ramassait du petit bois pour le feu, et s'approcha du buisson derrière lequel il se dissimulait. Pas difficile d'imaginer la scène. Lui accroupi, elle s'en allant déposer ses branches et ses brindilles un peu plus loin. Nikolaï priait pour qu'on ne le découvre pas. Il ignorait quelle serait la réaction d'Assad et des autres. Verraient-ils d'un bon œil sa séance de voyeurisme ? La jeune fille, qui s'était éloignée pour rejoindre les autres femmes, revint, d'un pas décidé. Nikolaï n'eut pas le temps de fuir, déjà elle écartait le buisson derrière lequel il était tapi.

« Tu sais, m'avait-il dit, de quelques instants fugitifs on croit n'avoir rien gardé, mais la conscience, elle, enregistre tous les détails. »

Ce fut le cas pour cette rencontre dont il avait

retenu chaque geste : lui, troublé, un doigt sur la bouche pour indiquer à la jeune fille de se taire. Elle, si touchante, le dévisageant avec un mélange d'effroi, de curiosité et d'affection.

« Comment pouvais-je savoir ! J'ai esquissé un sourire malgré mon embarras. Elle semblait jeune mais c'était déjà une femme. Ses traits avaient la finesse de la beauté. Elle hésita une fraction de seconde et me regarda en silence. Elle s'approcha encore et me saisit les mains qu'elle baisa, sans même murmurer un mot. »

Combien de temps était-elle demeurée ainsi, face à lui ? L'intensité d'une tension, une suspension, une éternité. Il lui sembla qu'elle l'avait considéré longuement puis une femme l'avait appelée. Elle avait brusquement fui, courant rejoindre les autres.

« Leïla, c'était son nom ! »

Lorsque Nikolaï retrouva ses compagnons, il n'était plus avec eux, mais avec elle, en esprit, en songes. L'étrangeté de ce qu'il venait de vivre le hantait. Le visage de cette jeune inconnue, la douceur de ses mains prenant les siennes, celle de ses lèvres posées sur sa peau, tout ce qui venait d'arriver l'habitait. Quelle étrange rencontre ! Cette irruption soudaine de féminité s'infusait en lui tandis qu'il sirotait son thé avec ses compagnons qui ne remarquaient rien. Depuis combien de mois n'avait-il pas vu de femme ? Il se souvenait de Tania, du goût de sa bouche qu'il avait tant de fois regretté de n'avoir pas savouré davantage, de copines de Kirjatch. Il se souvenait de sa mère dont il chassait l'image à chaque retour mental. Un trou noir. Cette Afghane, même si jeune, lui semblait une fée. Cette vision, un mirage. Ou un miracle. S'il avait su ! Cette rencontre, due au plus grand des hasards, avait levé en lui une musique d'envoûtement. Par-delà la pensée, une esquisse de volupté.

Le soir, lorsqu'ils étaient revenus vers leur kararga, Nikolaï avait marché sans effort, l'esprit accaparé par sa vision, savourant en pensée la douceur onctueuse des lèvres de cette jeune fille, lissant sans cesse du regard la couleur noire de ses cheveux qui s'échappaient de son foulard, caressant, en désir, son front à la peau mate, si lisse, en y posant des millions de baisers. Ses joues, et ses oreilles où pendaient des boucles d'argent et d'émeraudes. Et son nez si fin, avec ce renflement élégant des narines, cette forme d'ensemble aux pommettes saillantes qui lui donnait un charme rieur, moqueur, si oriental.

« Elle m'avait souri et m'avait embrassé les mains, comment comprendre ? répétait-il. Mais à quoi bon chercher ? Dieu, peut-être, l'avait voulu ainsi. »

Le lendemain, la jeune fille, devenue la dame de ses rêves, ne le quittait plus. Il dormait avec elle dans l'immense lit de sa conscience, la regardant respirer, tentant de savoir à quoi ressemblaient ses petits seins serrés sous le tissu de son corsage, humant l'odeur de fleur et de feu, de poussière et de terre de sa peau paysanne. Elle était faite de vent, d'arômes de violette, d'eau de torrent, d'herbes aromatiques, de poivre et de piments. Elle représentait un monde en soi, un tout parfait, en même temps qu'une inconnue étrange, mystérieuse, qui avait baisé ses propres mains, l'avait regardé au fond des yeux, ce qu'aucune femme afghane n'avait jamais osé faire.

Nikolaï était assis contre le mur d'une maison, parmi les autres. Un compagnon était en train de faire l'andouille avec des mines papillons qu'il avait trouvées dans les environs. Ces objets de plastique vert, de la taille de la paume d'une main, qui explosaient à la moindre pression. Les hélicoptères en larguaient tant qu'ils pouvaient, car ces pièges redoutables blessaient cruellement leurs victimes. Ils avaient été conçus pour arracher des pieds ou des mains. Nikolaï le savait. L'homme qui jonglait avec les mines aussi car il ne les pressait pas mais les tenait par le bord. S'il les avait pressées entre ses doigts, elles auraient explosé. Il envoya les deux mines, devant un public hilare, à celui qui se trouvait en face de lui.

Ces types étaient fêlés ! Plus dangereux avec leur inconscience que ceux qu'il avait pu rencontrer au cours de cette guerre. Comment pouvait-on apprécier ce jeu dangereux ? Il pensait à Vladimir qui avait perdu ses deux bras, à tous les blessés.

« Les cons jouaient à se les balancer ! »

Ce qui le mettait en rage. S'ajoutèrent à sa colère l'abandon de son état de rêve, l'effacement du visage de la jeune fille du village. Assad lui-même venait de lui envoyer une mine. La maintenant du bout des doigts, il s'adressa à ses compagnons geôliers avec son dari d'amateur :

– Si boum ici, tous mourir !

Il renvoya tout de même la mine à Assad, qui l'attrapa au vol puis la déposa dans le placard construit à même le torchis du mur d'où il l'avait sortie et qu'il n'aurait jamais dû toucher.

Leur conversation se poursuivit à évoquer le parcours sur la Lune que des hommes avaient accompli des années plus tôt. Ils avaient entendu à la radio un programme scientifique de la BBC consacré à la conquête de l'espace, présenté en dari pour cette région du monde. Le plus âgé des paysans s'énervait. Il estimait que ce n'était qu'un mensonge.

– Si quelqu'un avait marché sur la Lune, il l'aurait attachée à une corde pour l'approcher de la Terre et le prix du blé aurait baissé en Afghanistan.

En bon paysan, il connaissait l'influence de la Lune sur la croissance des végétaux. Nikolaï n'écoutait plus. Il s'évadait dans l'immensité de sa tête à la recherche de son rêve d'amour. Devant un pan de mur percé d'un large trou, ils s'étaient retrouvés nombreux, installés sur des tapis, à parler à bâtons rompus comme le font les Afghans, jamais à court d'histoires. Assad jouait du robab, Nikolaï l'écoutait, de plus en plus distrait. Par la baie improvisée, il avait vu passer la jeune fille du bois.

Plus tard, dans le secret de son patou, sa seule intimité, ses doigts avaient touché son sexe dont il ne se souvenait plus. Pendant des heures, il avait fait l'amour à une image, son désir dansant sur la mélodie d'un plaisir nouveau. Cette Afghane était devenue la femme d'un songe, sous le tchadri d'une vie recluse, dénudée sur le lit de sa nuit, contre sa peau de jeune Russe vivant, pas encore mort, dont l'orgasme résonna longtemps dans le vide.

16

Ici, la guerre aurait pu n'avoir jamais existé. À moins d'une bombe atomique pour élargir son champ de ruines, la guerre laisse des espaces de paix s'installer et donner à croire que ses drames sont enfin terminés. Nikolaï, errant avec ses camarades à travers l'espace afghan, y avait souvent pensé. Comment imaginer qu'un champ de blé tacheté par les accents rouges des coquelicots puisse, d'un instant à l'autre, s'enflammer sous l'effet du napalm ? À se fondre dans les remous d'un torrent, comment oublier les pétarades saccadées que produisent les hélicoptères de combat et, plus terribles, les sifflements stridents des réacteurs des bombardiers supersoniques ? Supersoniques, à quoi bon, alors que l'eau nourrit la terre, glisse du torrent à un canal d'irrigation, est maîtrisée, utilisée, le génie de l'homme chantant son hymne à la vie ?

Quelle absurde folie habite les hommes ? s'interrogeait toujours Nikolaï le naïf.

Comme tous les autres, il portait en lui cette impression désagréable d'avoir été piégé dans une mauvaise farce. Il vivait cette absurdité et ce désastre sans arriver à y croire. Un jour, le remords d'avoir lancé des grenades par la fenêtre d'une maison, d'avoir tiré à la mitrailleuse sur des silhouettes d'hommes, de vieillards, de femmes et d'enfants, exploserait au fond de sa conscience jusqu'à créer une haine infinie contre les fausses valeurs qu'on lui avait inculquées.

Le chef était parti pendant la nuit, suivi de plusieurs moudjahidin. Ce matin-là, Nikolaï avait su qu'une importante décision venait d'être prise. Il avait dû accompagner Assad, Najmudine et les hommes du groupe au cœur du bazar de Datch-Riwat. Les commerçants, les artisans et les clients vaquaient à leurs tâches. Najmudine avait retrouvé le responsable du village. L'apercevant, des hommes se rassemblèrent aussitôt. Nombre d'entre eux vinrent lui serrer les mains. Le vieil homme se servit d'un porte-voix pour appeler tout le monde en bas de la ruelle. Chacun quitta son échoppe. La foule s'épaissit. Le silence s'installa. Alors seulement le vieillard reprit la parole. Sa voix était forte. Et comme il n'était pas homme à parler pour rien, ses administrés pressentaient l'événement important, se doutant que l'inévitable était arrivé.

– Ahmad Sayb, notre bien-aimé, est venu, vous le savez tous. Il n'a pas pu rester car le devoir l'a appelé ailleurs, sur le front. Je ne vous répéterai pas combien je les apprécie, lui et ceux qui combattent auprès de lui. Ce jour est grave. J'aurais souhaité qu'il n'existe jamais. Le commandant Najmudine vous fera part mieux que moi de ce qu'il vous faut entendre.

Il tendit le porte-voix à Najmudine, représentant de Massoud :

– Parle, mon ami, ils t'écouteront.

La foule devint silencieuse. Sur les toits des maisons, des enfants et des femmes suivaient la scène. Leïla était parmi celles-là. Nikolaï la regardait, elle le regardait. Les autres yeux fixaient tous Najmudine, ce grand gaillard, que beaucoup connaissaient.

– Au nom de Dieu le Tout-Puissant, le Miséricordieux. Ce jour est grave : les Russes préparent une attaque. Ils veulent raser nos villages et brûler nos champs pour affamer les combattants. Ils croient pouvoir anéantir notre résistance de braves. Selon les informateurs d'Ahmad Sayb, notre chef bien-aimé, leurs noirs desseins et leurs agressions sont imminents.

Il y eut des murmures dans la foule. Un cavalier, entouré de trois Arabes, que personne ne connaissait ici, attira l'attention en hurlant :

– Les bâtards de Russes doivent périr !

La foule gronda. Le chef du village se pencha vers Najmudine et lui chuchota à l'oreille. Nikolaï avait reconnu Abdelmokadas, qui avait fait partie de leur groupe et l'avait quitté parce qu'il était trop cruel. Il tirait sur la bouche de son cheval de bozkachi, le faisant trépigner, désignant Nikolaï du manche de sa cravache :

– Cet Infidèle a tué vos fils et vos filles !

Des hommes s'approchaient de Nikolaï, d'un air menaçant. La foule devenait plus dense et dangereuse. Najmudine s'était placé devant Nikolaï, le protégeant de sa masse.

– Dieu sait que cet homme est bon !

Un des cavaliers arabes hurla en persan :

– Les Russes sont des athées !

Auquel un vieil homme répondit :

– Les Russes n'ont pas de sang dans les veines.

Et un autre :

– Leurs yeux sont verts, leurs regards sont morts. Ils n'ont pas de loyauté.

Malgré les efforts de Najmudine, et d'Assad venu au secours de son ami, Nikolaï était bousculé. Certains voulaient le frapper.

Abdelmokadas, trépignant sur son cheval dont il sciait la bouche, lança un cri :

– Il faut en finir avec ces chiens d'Infidèles ! Tous ! Tant qu'il y en aura un...

Le chef du village intervint, entraînant Nikolaï par le bras pour le mettre hors de portée de ceux qui cherchaient à l'agresser.

– Dieu t'a rendu aveugle, dit-il en direction d'Abdelmokadas. Va-t'en, toi et tes amis de malheur !

Les cavaliers quittèrent la place au galop. La foule se calma. Le silence revint.

– Rassemblez vos biens, dit Najmudine de sa voix forte. Partez vers le nord. Emportez de quoi avoir chaud. Les vents seront glacés et le col difficile. Attendez nos ordres pour revenir. Agissez sans tarder. Que Dieu soit avec nous !

La foule se dispersa. Nikolaï se souvenait de chaque détail. Il y avait les convaincus qui allaient suivre les consignes. Les autres, ceux qui hésitaient, se rassemblaient pour en débattre. Il était encore vivant.

La nuit fut bouleversée par une série de cavalcades effrayantes. Un fleuve couleur de mica, ses eaux reflétant la lune. Étrange et mystérieuse lumière. Abdelmokadas et ses cavaliers arabes avec leurs cris de haine.

Ils montent des pur-sang vifs et violents, noirs comme la nuit. Ils se tiennent parmi une horde d'autres cavaliers, faisant tourner leurs bêtes en une danse frénétique, là-bas, à l'extrémité d'un champ.

Nikolaï, debout au milieu du terrain, surveillait leur masse se mouvant au loin, entendait les sabots de leurs chevaux frapper la terre et la faire trembler. Seul devant eux. Fragile. Abandonné de tous.

Il était seul. Sans Assad et les autres. Seul. Que pouvait-il faire ? Fuir ? Trop tard. Il allait lever la tête face au mur de poitrails qui allait s'approcher. Lui, le soldat soviétique, en uniforme de campagne, avec son lourd gilet pare-balles, sa tunique beige couverte de poussière, tachée du sang des ennemis. Pourquoi était-il en uniforme ? Qui le lui avait restitué ? Pourquoi ?

Les cavaliers retenaient leurs chevaux. Certains se cabraient, d'autres piétinaient de rage et d'impatience, la bouche chargée d'écume. Les cavaliers étaient les maîtres, mais les montures les dominaient. Soudain une clameur retentit. Levant son fouet vers la lune, Abdelmokadas donna le signal. Lâchés par leurs maîtres, les chevaux énervés arrivèrent au galop. Devant cette folle muraille qui fondait sur lui, Nikolaï ne bougea pas. Il retint son esprit comme sa peur et demeura immobile.

La masse s'ouvrit en deux, l'épargnant. La terre avait tremblé. Les cavaliers firent virevolter leurs montures, leurs corps en arrière, pieds au fond des étriers, fouet actif pour jeter les bêtes dans un mouvement de demi-tour qui éleva vers le ciel un nuage de poussière.

Les chevaux tournaient maintenant autour de Nikolaï, le frôlant de leurs flancs, de leurs poitrails, de leurs croupes, allant et venant, s'évitant les uns les autres. Les cavaliers laissaient leurs bêtes reprendre leur souffle, la sueur ruisselait sur leurs robes luisantes. Dans la nuit, les yeux d'Abdelmokadas, attisés par la haine, luisaient d'un feu monstrueux. La danse, autour de Nikolaï, devint de plus en plus frénétique. Un homme attrapa soudain Nikolaï par les cheveux, l'arrachant du sol, lançant son cheval au galop, suivi des cavaliers qui se mirent à hurler, telle une meute.

« Un cauchemar, avait avoué Nikolaï. Un parmi tous ceux qui ne cessèrent de m'habiter. »

Avait-il été prémonitoire ?

La vallée allait se vider de sa population. Plus de cent mille personnes allaient obéir aux ordres. Seuls quelques imprudents et les moudjahidin resteraient, les uns pensant protéger leurs biens, les autres guettant le début de l'offensive tant attendue.

Quelques jours plus tard, sur la route principale, des moudjahidin transportaient deux lourdes bombes et peinaient. Nikolaï les accompagnait. Une vingtaine d'hommes, Assad en tête, rejoignaient un groupe occupé à creuser deux énormes trous.

– Posez-les là ! ordonna Assad.

Le groupe s'était exécuté. Les bombes posées près des trous, Assad se chargea de les faire placer dans chacun des trous et de les relier à des fils électriques dont il lança la bobine à Nikolaï.

– Tu vois ce rocher ? Va cacher le fil là-bas.

Nikolaï avait obéi. Les moudjahidin qui avaient creusé les trous le regardaient. Parmi eux, Najib, le commandant du village de Safid Tshir. Il avait demandé à

Assad qui était Nikolaï. Occupé à rentrer les fils dans les bombes, Assad avait maugréé que ce n'était pas son affaire. Le commandant n'avait pas apprécié.

– Tu sais comment on les traite, les Russes, nous ?

Assad se releva. Nikolaï, qui suivait la scène de plus loin, comprit de quoi il retournait. Assad sortit du trou et toisa Najib.

– T'avise pas à toucher cet homme !

Personne ne bronchait.

– Cet homme est comme toi et moi. Sais-tu au moins qui l'a envoyé ici ? Et pourquoi ?

Nikolaï vit le commandant quitter les lieux de mauvaise humeur. Assad lui fit signe de tendre le fil puis donna des ordres à ceux qui se tournaient les pouces pour qu'ils enfouissent le fil dans la terre et effacent leurs traces. Quelques minutes plus tard, la route était aussi lisse qu'avant leur intervention. Elle renfermait juste deux bombes prêtes à exploser. Derrière les rochers où Nikolaï avait conduit le fil, Assad plaça un tas de cailloux et cala le fil. Un plus, un moins. Une pile de lampe de poche ferait l'affaire lorsque le moment viendrait. Autour, s'étendaient des champs, des murets de pierre, et cette route de terre et de poussière sur laquelle personne ne passait plus.

Ce soir-là, les derniers villageois abandonnèrent leurs maisons, leurs champs, tout ce qu'ils ne pouvaient pas emporter, profitant de l'obscurité pour marcher vers le col.

De la pièce où un homme venait d'apporter du thé, on avait entendu l'appel à la prière et les rumeurs de l'exode. Najmudine, entouré de plusieurs hommes, était penché sur une carte d'état-major russe. Un moudjahid vint annoncer que les sentinelles se trouvaient en place et que les villages étaient en train de se vider de leurs habitants. Il restait planté près de la porte, encore sous le choc de ce qu'il avait vu. Najmudine, concentré sur sa carte, avait entendu. Il savait que Massoud ne leur avait pas imposé cette décision sans preuves certaines. Les opérations d'envergure que les Soviétiques mettaient au point ne pouvaient rester secrètes bien longtemps. Lorsque Massoud avait appris que les généraux russes avaient décidé d'en finir avec le Panjshir, il avait fait vérifier ce que cela impliquait. Ses agents, des officiers qui jouaient un double jeu, lui avaient rapporté qu'une série de bombardements aériens auraient lieu pendant quinze jours, huit heures par jour, sur toute la surface de la vallée. Bombardements de tapis ! Ensuite, lui avaient-ils transmis, des commandos seraient déposés par hélicoptères afin de détruire et passer aux lance-flammes ce qui aurait résisté aux bombes des avions. Il s'agissait, pour les Soviétiques, de réduire en cendres et en ruines cette vallée d'insoumis dont les commandos portaient de sévères blessures à l'armée en attaquant ses convois qui transitaient par la route du col de Salang. Najmudine savait cela. Pour le moment, il avait pour instructions de veiller au départ de toute la population puis d'organiser la répartition des groupes qui se dissimuleraient dans des grottes, à l'abri des bombardements aériens, prêts à assaillir les commandos, de nuit, lorsqu'ils seraient à leur portée.

Najmudine demeurait grave et silencieux. Nikolaï se trouvait assis face au pan de mur abattu qui permettait d'observer la rue. Des femmes continuaient à passer, portant de lourdes charges. Nikolaï tendit le cou. Le commandant suivit la direction de son regard, s'approcha et lui chuchota :

– As-tu une femme chez toi ?

Il fit sursauter Nikolaï.

– Ma mère.

Najmudine le regarda, ému.

– Tu n'es pas marié ?

Nikolaï fit non de la tête.

– Nous, nous nous battons. La plupart de nos femmes ont perdu leur mari et souvent plusieurs de leurs enfants.

Assad s'était approché pour écouter. Najmudine s'adressa à tous, lyrique pour une fois. Ils semblèrent étonnés par cette éloquence à laquelle ils n'étaient pas habitués.

– Si nous ne nous battions pas, jamais nous n'oserions supporter les regards de nos femmes et de nos enfants. La mort, ce n'est pas perdre la vie mais l'estime de ceux qui veulent vivre, braves et dignes. Même si les tiens nous tuaient tous, ils ne nous auraient pas vaincus. S'ils brûlent nos terres, nous labourerons le ciel. Pendant que tes savants inventent des bombes, nous, nous construisons des légendes. Leurs avions et leurs kalachnikovs ne nous empêcheront jamais de contempler les étoiles. Les mères des Russes sont les plus malheureuses : elles ne savent même pas pourquoi leurs enfants meurent.

Un silence suivit ces paroles. Najmudine était ému. Des larmes mouillaient ses yeux. Il posa l'une de ses larges mains sur l'épaule de Nikolaï, le regardant dans les yeux avec un sourire que personne ne parvint à comprendre.

– Il y a un secret que je connais, mon ami. Un jour, si nous sortons vivants de l'attaque qui se prépare, je le partagerai avec toi et les autres. Que Dieu protège ton âme !

Tels avaient été ses mots. Nikolaï ne les avait pas oubliés tant cette manière de parler l'avait touché. Ce n'était pas son genre de s'émouvoir ainsi.

Dehors, des centaines de femmes, d'enfants et de vieillards allaient affronter le froid du col. Impressionnant exode sur de petits sentiers formant, avec cette foule, d'immenses arabesques dessinées à flanc de montagne. Sur les pentes de rocaille, des centaines d'ânes et de chevaux portaient d'énormes ballots de toile. Leurs sabots soulevaient des nuages de poussière qui enveloppaient la scène. Près de cent mille personnes en mouvement, entourées de leurs troupeaux de chèvres et de moutons.

Personne ne se retournait. Ils se dirigeaient vers la ligne de crête, vers la vallée refuge qu'ils allaient trouver de l'autre côté du col où il leur faudrait se serrer les uns contre les autres, partager avec les voisins, attendre des jours meilleurs. Se dire que la maison, le champ, le verger, les arbres qu'ils aimaient allaient sans doute être détruits.

De ces populations déplacées on saura peu, selon les chiffres d'évaluation du drame afghan. Plus loin, au Pakistan et en Iran, près de quatre millions d'Afghans survivaient avec le souvenir de leur liberté passée, du drame de leur village en ruines, des larmes d'enterrements trop vite vécus, de la pensée des leurs, brutalement partis sous le fracas des bombes, des balles, des horreurs de la guerre.

Isolés dans la nuit, allongés sur le granit d'un rocher, près des bombes qui attendaient de piéger un ennemi si redoutable, Nikolaï et Assad contemplaient le ciel. Ciel afghan ! Quelqu'un semblait y avoir éparpillé des étoiles par milliers. Plus qu'ailleurs. Davantage qu'au-dessus de Kirjatch si souvent recouverte de nuages.

– Chaque martyr a son étoile, avait dit Assad, regardant l'immensité de la voûte céleste. Dans notre ciel afghan, scintillent beaucoup d'étoiles. Elles sont si nombreuses que personne ne parvient à les compter avant de s'endormir !

Nikolaï, songeur, restait silencieux.

– Un jour, reprit Assad, il y en aura tant et tant que nos nuits disparaîtront. Mais ce jour, il n'y aura personne pour le regarder !

Les montagnes se découpaient sur fond de nuit. Les deux hommes, allongés sur le dos, contemplaient, sans se lasser, l'immense champ d'étoiles. L'une d'elles brilla plus intensément. Elle grandit dans leurs regards.

– L'étoile du soldat ! murmura Nikolaï.

Celle-ci était rouge. Il s'en souvenait encore.

17

Explosion assourdissante. Un véhicule soviétique pulvérisé. Assad jeta le fil électrique devenu inutile. Des hommes hurlaient. Sur la route, des corps en flammes dansaient pour la dernière fois. Assad regarda en direction de Nikolaï et lui fit signe. Un char venait d'avancer. Il basculait le camion en feu dans le fleuve tandis que sa tourelle tournait vers le lieu où Assad venait de rejoindre Nikolaï en rampant.

– Allez !

Nikolaï regardait les deux fils qu'il tenait entre les doigts et la pile électrique qu'il avait dans l'autre main. On entendait des roulements d'autres chars et, plus loin, mais se dirigeant vers eux, le ronflement des hélicoptères. Nikolaï hésita. Pourquoi tremblait-il ? Assad lui arracha la pile et les fils des mains, et mit le contact... Explosion quatre cents mètres en contrebas. Le char avait sauté. On entendit des cris, des hurlements. Un Russe braillait de douleur, appelait au secours. Un autre aussi. Des Russes, en contrebas que Nikolaï regardait, terrassé d'horreur. Assad arma la culasse de son arme et, tirant son ami par le bras, l'entraîna en rampant à travers les blés qui les protégeaient.

Arrivés à l'extrémité du champ, Assad et Nikolaï, pliés en deux, se mirent à courir vers un petit bois. Un blindé brûlait, des corps de soldats étaient éparpillés dans l'herbe verte. Nikolaï suivait, tant bien que mal, trébuchant, regardant sans cesse autour de lui. Pourrait-il rejoindre les siens ? Perdrait-il Assad ?

Ils enjambèrent un canal d'irrigation, marchant un moment dans l'eau, et passant de l'autre côté, roulèrent dans un fossé. Plusieurs corps de moudjahidin gisaient, ensanglantés. L'odeur de la mort était là. À vomir. Assad se saisit d'un kalachnikov abandonné près d'un corps, le jeta à Nikolaï et grimpa sur un monticule pour observer la situation. Une balle le projeta brutalement en arrière. Elle était entrée dans sa poitrine, non loin du cœur. Nikolaï se précipita. Assad le regardait de ses yeux bleus où s'étendait le ciel. Il souriait. Il ne souffrait pas. Nikolaï vit sa chemise se tacher de sang. Il prit la tête de son ami entre ses mains. Elle était légère, légère. Soudain il y eut un cri derrière lui. La tête d'Assad lui échappa. Trouvant ses dernières forces, Assad avait levé son arme, tiré une rafale et s'était arc-bouté en arrière, en rendant son dernier souffle. Dans le dos de Nikolaï, un soldat russe avait été touché. Il venait de rouler aux pieds de Nikolaï qui, constatant qu'Assad était mort, agrippa son compatriote et se mit à pleurer, en répétant dans son oreille qu'il était russe. Russe. Russe ! L'homme rendit son dernier soupir. Nikolaï s'enfonça dans la terre, écrasé par la peur et l'horreur. Pourquoi ne voulait-elle pas de lui ?

Lorsqu'il retrouva ses esprits, il crut d'abord qu'il avait glissé dans l'eau du canal. Non, il s'agissait du sang des morts autour de lui. Tout était trop calme. La nuit avait remplacé le jour. L'odeur des cadavres devenait plus forte. Nikolaï, allongé près des corps, se refusait à bouger. Il guettait. Soudain il entendit sa propre langue. On parlait russe à moins de cent mètres. Il pensa très vite que, s'il se levait, il était mort. Les soldats l'abattraient par réflexe. Attendre. Écouter. Demeurer maître de soi. Entendre. Hurler à l'intérieur de soi. Il avait appris à être cette bête instinctive.

– Mon village s'appelle Yekaterinovska, murmurait l'ombre d'un soldat dans la nuit.

– Moi je suis de Moscou. Mon père est pilote à l'Aeroflot.

– Ma mère est chargeuse à l'usine.

Nikolaï bougea lentement sa tête, se tournant en direction des voix. L'obscurité ne permettait de discerner que les silhouettes.

– C'est quoi, chargeuse ? fit la voix.

– Elle charge et décharge des briques... du wagonnet au wagon, du wagon au wagonnet. Chargeuse, quoi.

– Des briques ?

– Ouais, des briques. Il lui arrive aussi de pousser les wagonnets. Elle exécute ce qu'on lui dit, quoi ! Un boulot difficile, crevant, quoi !

Une autre voix, plus forte dit :

– Eh, passe voir le *kama*[1]. J'ai la dalle.

Trois ou quatre soldats soviétiques étaient assis sur le sol, adossés à des troncs d'arbres, protégés par des murets de pierre devant eux. Ils avalaient le contenu de leurs boîtes de conserve.

– On se caille, putain !

Un homme tendit le bras, craqua une allumette. Une flamme énorme embrasa le sol devant Nikolaï, atteignant les corps des moudjahidin morts. Un rire s'éleva. L'homme venait d'utiliser son lance-flammes. Les autres se levèrent en sursautant.

– Fils de pute !

Plus loin, à une trentaine de mètres, une autre voix s'enquit :

– Des problèmes ?

– Tout va, tout va ! répondit un soldat.

Celui qui se trouvait près du type au lance-flammes le traita de connard.

Le groupe se déplaça plus loin, abandonnant der-

1. Ration alimentaire dans des boîtes de conserve.

rière lui les herbes qui continuaient de brûler, donnant au paysage un aspect fantasmagorique qui dévoilait un Nikolaï inerte parmi les autres corps.

S'il l'avait désiré, il aurait trouvé le moyen de se faire identifier. Il pensa qu'il n'avait pas vraiment voulu. Pas assez fort.

Au petit matin, les commandos étaient partis. Nikolaï avait enterré le cadavre de son ami.

Au village de Datch-Riwat, des maisons brûlaient, fumaient, éventrées. Autour du village, les tas de blé et de paille avaient été passés aux lance-flammes et se consumaient en une fumée dense. Dans la rue du bazar, gisaient des corps, certains ensanglantés, d'autres carbonisés. Nikolaï découvrait l'horreur.

« Je me suis dirigé vers la maison que nous avions occupée. »

Lorsqu'il m'avait raconté la suite, il avait vieilli de dix ans, usé par la tristesse.

Quelques chats se glissaient sur les décombres, rescapés de l'enfer des dernières heures. Près d'une maison, Leïla, ma jeune fille gisait parmi les gravats. Son visage était couvert de sang, ses cheveux collaient à son front et à son cou. « J'ai pris son corps dans mes bras. »

Dans la rue du bazar, Nikolaï avait donc porté le corps de Leïla. Elle n'avait pas de poids. Pas plus que la tête d'Assad marchant à travers les décombres, entouré de chats.

En sens inverse, venant du bas du village, un groupe

de moudjahidin avançait à grands pas. Ils passaient d'une maison à l'autre, alignaient les corps devant les maisons. À leur tête, se trouvait l'homme qui s'était opposé à Assad lors de la mise en place des bombes piégées, le commandant Najib. Son voisin le tira par le bras et lui désigna Nikolaï qui, comme un automate, portait Leïla dans ses bras. Hagard.

Les moudjahidin s'immobilisèrent.

– C'est la fille d'Ismaël, fit un homme.

Nikolaï continuait d'avancer, titubant, étranger à ceux qui le regardaient.

Le commandant s'adressa à Nikolaï en criant :

– Où vas-tu ?

Nikolaï ne l'entendit pas. Le commandant fit signe à ses hommes de se saisir du corps de la jeune fille. Ils rattrapèrent Nikolaï, lui retirèrent le corps des bras, le posèrent sur le sol et le recouvrirent d'un patou. Le commandant gifla Nikolaï, cracha dans la poussière et s'adressa à ses hommes en le montrant du doigt.

– Tuez-le !

Deux hommes l'empoignèrent violemment et le jetèrent contre un mur. Ils s'éloignèrent de quelques pas, puis se retournèrent en armant leurs fusils.

« J'allais mourir. »

Un cri les avait stoppés. Un cri terrible. Le cri de Najmudine qui courait vers Nikolaï. Il se mit devant lui pour le protéger, faisant face aux autres qui abaissèrent leurs armes.

Najib cracha par terre. Il allait prendre la parole, très en colère, lorsque, soudain, du fond de la rue, surgit un moudjahid, trop essoufflé pour parler. Tous le regardèrent, inquiets.

L'homme retrouva son souffle et beugla, les yeux révulsés par l'indignation :

– Ils... Ils se sont torché le cul avec le Coran !

D'un seul élan, Najib et ses hommes allèrent en courant vers la mosquée détruite, abandonnant Nikolaï à Najmudine. Ce dernier se laissa tomber près du corps de Leïla, et demeura un temps à regarder la rue. Nikolaï s'agenouilla à côté de lui. Le colosse tendit son bras et ramena Nikolaï contre sa poitrine.

À l'infini, s'étendaient les montagnes. Et dans le ciel, les fumées noires montaient en volutes, telles des nuées de corbeaux. Ce que ne savait pas Nikolaï, c'était le secret gardé par Najmudine.

Durant une quinzaine de jours, comme l'avait annoncé Massoud, les avions avaient bombardé la vallée. Si les villages avaient été détruits et la population exilée dans les vallées voisines, au nord et au sud, les combattants s'accrochaient à leur territoire. Le jour, ils vivaient dans les grottes lorsque les avions survolaient leurs terres. La nuit, ils revenaient dans leurs villages, occupaient les ruines des maisons, prouvant une fois de plus qu'ils ne capituleraient jamais. On ne comptait plus de tanks dans la vallée, ni de soldats soviétiques en haut. Ils se trouvaient à présent regroupés sur la base d'Anabab, en position de défense, point fort sur un champ de ruines. La nuit, des groupes mobiles les harcelaient à la manière des moustiques.

J'avais évité les dangers d'une telle offensive. Massoud m'avait dissuadé de descendre vers la vallée avant la fin d'une telle opération. Il avait eu raison. À quoi auraient servi mes images de bombardement et de destruction ? L'Afghanistan, en cet automne 1985, n'intéressait pas grand monde en Occident. Cette guerre lointaine, à force de se poursuivre, avait fini par lasser l'opinion publique. D'autres événements s'étaient produits, comme ceux de Pologne avec Lech Walesa qui avait fait vibrer les syndicalistes du monde entier et croire au romantisme politique. J'avais parcouru d'autres régions d'Afghanistan, constatant une fois de plus, avec certitude, non sans effroi, que les seuls groupes qui recevaient l'aide américaine étaient les plus haineux à l'encontre des Occidentaux. Leur stratégie s'était confirmée : les Américains avaient délibérément choisi de soutenir les extrémistes et d'ignorer un homme comme Massoud qui serait pourtant devenu leur plus fidèle allié. En plusieurs lieux, j'avais rencontré des miliciens islamistes issus de différents pays : Algériens, Égyptiens, Arabes d'Arabie Saoudite, Yéménites, Birmans, Chinois, Palestiniens venus participer à la guerre sainte lancée contre les athées russes. Comment expliquer au monde entier l'énorme erreur qui était en train de s'y accomplir ? Je ne possédais, en tout et pour tout, que mon appareil photo, ma caméra et mon stylo.

Sur l'un de mes carnets, j'avais décrit mon retour vers la vallée du Panjshir et ma surprise de découvrir tant de destructions : « ...des milliers de boîtes de conserve jonchaient le sol sur lequel tenaient encore des villages sous formes de ruines. Les hommes n'étaient pas loin. Réfugiés dans les grottes, ils refusaient d'abandonner leurs terres, noircies par le feu de cette guerre qu'ils n'avaient pas voulue, mais d'où ils étaient certains de sortir un jour, fiers et libres, forts de leur courage. »

J'avais, à cette époque, une aptitude à faire la morale, ce que j'ai appris à perdre. Comment juger un autre que soi ? Je me souviens d'avoir traversé le village de Datch-Riwat guidé par un moudjahid, d'être descendu vers le fleuve, après avoir franchi ses eaux tumultueuses, grâce à deux troncs d'arbres jetés au-dessus comme un fagot de branches. Nous avions emprunté une vallée perpendiculaire à la vallée principale, une gorge étroite où il avait fallu marcher dans l'eau glaciale venue des montagnes. À moins d'un kilomètre, devant un abri creusé dans la montagne, des moudjahidin étaienι occupés à faire leur toilette. D'autres tiraient l'aiguille et cousaient, ciraient leurs chaussures, entretenaient leurs armes, ou se peignaient la barbe en se regardant dans un miroir. Des avions passaient et repassaient au-dessus de la vallée en contrebas. Ils la prenaient en enfilade. Les pilotes pouvaient être fiers de leur efficacité : cent kilomètres de villages et de champs cultivés avaient été transformés en brûlis, ruines et désolation. Le vacarme de leurs réacteurs gueulait leur supériorité. Les Mig et les Sukhoi, supersoniques tous deux, se moquaient de l'ère de la lenteur et de l'artisanat qui semblait avoir été anéantie sous leurs ailes.

Un homme venait de brancher un transistor. Radio-Kaboul diffusait de la musique guimauve, bientôt ils zapperaient sur la BBC, pour recevoir les nouvelles en dari. C'est alors que j'ai aperçu mon ami Najmudine, et qu'il m'a reconnu.

Sur le carnet, j'ai écrit : « Mon sac à dos me scie les épaules et je balancerais bien ma caméra dans le torrent. J'ai fini par oublier de quelle couleur sont ma chemise et mon pantalon. La poussière est si fine qu'elle colle à la peau. J'ai la gorge en feu et le nez bouché. Je n'en ai pas l'air, mais je suis épuisé. Le bronzage maquille la fatigue. Sans compter que, depuis dix jours, j'ai la chiasse. J'avais oublié à quel point la marche était rude. Je ne m'attendais pas à retrouver le Panjshir dans cet état. Mais mes amis sont là, vivants. Ils n'ont rien perdu de leur courage. Le commandant Najmudine m'a serré dans ses bras. J'ai cru qu'il allait me briser les côtes. Voilà quinze jours que nous peinons, Ali et moi, au cœur de cet espace de montagnes, de cailloux et de poussière. En remontant vers le nord, je ne m'étais pas rendu compte que nous avions tant marché. Peut-être le fait de chercher Massoud nous avait-il fait oublier la mesure de nos efforts. Sur la voie du retour, c'était autre chose. J'avais perdu la notion de l'effort inhumain qu'il faut fournir ici. Je n'ai presque plus de films mais j'ai déjà filmé de quoi montrer comment ces paysans tiennent tête seuls à l'armée soviétique. Ce ne sera pas un scoop, je le sais, parce que l'Afghanistan n'est plus à la mode. Je m'en fous ! J'ai aimé ces intrépides, même si j'ai tendance à les transformer en héros discrets qu'ils ne sont pas forcément. Ils sont orgueilleux, fouteurs de merde et leur religion me fait peur. Je déteste qu'ils cachent leurs femmes et trouve qu'ils placent leur honneur à les dissimuler à un niveau qui m'inquiète. Leurs femmes, je le sais, ne sont ni recluses ni soumises. J'en ai appris de bonnes sur quantité de types à qui leur femme a flanqué des coups de pied au cul en leur indiquant les lieux où la guerre les attendait. Les voilà en train de rigoler à nous voir si essoufflés. Mon ami Ali, qui me sert d'interprète, de guide, de compagnon de route, et de souffre-douleur quand j'en ai ras le bol de cette aventure, porte lui aussi un sac à dos et du matériel pour la prise de son. Il a une trentaine d'années et n'est jamais fatigué. Son physique inspire de la sympathie. Son humour le rend attachant. Il a appris notre langue au lycée français de Kaboul, quelque temps avant l'invasion des Soviétiques dans son pays, en décembre 1979. Un bail ! En France, où il est venu se faire soigner, il a perfectionné sa pratique, option pub télé. Il n'y a pas meilleur connaisseur de la publicité. Il y a trois jours, en franchissant le dernier col, il gueulait sans cesse : “Amora relève les plats !” La formule publicitaire est son dada, ce qui lui évitait de penser à ses ampoules et à la fatigue, si lourde à porter. Quinze jours de marche pour arriver à cette putain de vallée du Panjshir. Des jours pas comme les autres où on ne s'arrête qu'au bord de l'épuisement : quinze, seize heures de marche par jour et des cols à plus de quatre mille mètres d'altitude. »

Des hommes nous avaient aidés à porter nos sacs dans l'abri et, puisque le fracas des réacteurs emplissait à nouveau la montagne, les combattants vinrent tous nous rejoindre. J'avais sorti ma caméra et donné le micro à Ali. Je ne voulais pas rentrer en France sans le témoignage de Najmudine sur ce qui s'était passé ici. Et je voulais qu'il me parle de ce qu'était devenu le jeune Soviétique que j'avais croisé à l'aller.

Le visage de Najmudine se retrouva donc imprimé en gros plan sur une pellicule kodachrome de vingt-cinq ASA :

« Tous les jours, avait-il dit. Les avions nous survolent ! Bang, bang... Ils viennent, détruisent avant de revenir encore. Nous n'avons pas réclamé la guerre et ils ont débarqué avec leurs bombes et leurs tristes mines de malheur. Les Russes ont ravagé notre pays, détruit notre islam mais, en même temps, ils se sont perdus eux-mêmes. Dites-le au monde ! Qu'il le sache ! Tant qu'il y aura un Afghan dans un berceau, nous ne nous soumettrons pas. Jamais, jamais ! Bang, bang... Tous les jours, ils détruisent, reviennent et reviennent. L'Afghanistan ne sera plus jamais comme autrefois. La guerre a semé sur notre terre, dans nos rivières et jusqu'au fond de nos cœurs, un poison que nous ne connaissions pas. Dites au monde entier que le temps de la paix ne s'établira plus jamais ici comme avant. »

Nikolaï venait de pénétrer dans l'abri, en compagnie des derniers hommes restés dehors. Au loin, on entendait des bombes exploser. J'avais arrêté de filmer. On s'était regardés. Il avait souri et sorti de sa veste le livre que je lui avais donné. Ce qu'il en restait, tant il avait été ouvert et fermé. Les moudjahidin nous observaient. On aurait dit un Afghan. Le temps avait éliminé les différences entre ces hommes.

La nuit était tombée. Nous étions descendus occuper les ruines d'une maison. Je me souvenais encore de cette étrange habitude qu'ils avaient de venir se reposer quelques heures chez eux. Une manière de ne pas abandonner leur univers, de refuser leur statut de bêtes tapies au fond de leurs grottes comme des ours.

Ce soir-là, plusieurs se tenaient assis dans la grande pièce d'une maison à moitié détruite. Deux lampes à huile éclairaient la scène. Najmudine était entré, un robab à la main. Ce soir-là n'était pas comme les autres. Najmudine avait tendu l'instrument de musique à Nikolaï. Je n'avais pas compris alors que l'instrument était celui d'un Afghan devenu son ami. J'avais capté l'émotion dans la voix de Najmudine :

– Un jour, toi, le Russe, tu as permis à une femme afghane de sauver son honneur. Cette femme – que Dieu ait son âme ! – était la femme d'Ismaël, mon frère. Grâce à toi, elle est morte sans avoir été souillée par vos soldats. Je le sais et t'en remercierai éternellement.

Nikolaï avait eu l'air gêné. Najmudine, devant les autres, n'ajouta que ces quelques mots :

– Parfois, il y a des yeux qu'on ne voit pas.

Nikolaï ne comprenait pas.

– La petite Leïla, reprit Najmudine dans un souffle, ma pauvre nièce – que Dieu ait son âme ! –, était sa fille. Elle se trouvait dans la pièce quand le drame s'est produit. Elle t'a vu, elle a tout vu, et elle me l'a raconté.

Les deux hommes, très émus, se regardaient sans se voir, chacun dans la prison de ses émotions. Alors Najmudine ajouta :

– Tu es libre, Ahmad ! Tu peux partir avec notre ami journaliste. Ici, ce n'est pas ta guerre.

Doucement, en effleurant à peine les cordes du robab, Nikolaï s'était mis à jouer la mélodie préférée de son ami Assad. J'avais pris la caméra malgré le manque de lumière, et j'avais filmé la scène.

Plus tard, lorsque nous nous sommes retrouvés seuls avec Ali, alors que nos sacs à dos étaient prêts pour partir à l'aube, Nikolaï s'est mis à chanter ce qu'il avait composé en français, pour moi, après notre première rencontre :

Ma ville est d'URSS
URSS vaste comme le monde.
Qu'importait le reste
Nous étions les plus grands.
Ailleurs, c'était loin, là-bas,
Là-bas, plus loin que Jupiter !
C'est si bon d'être bon à rien
D'faire la nique aux miliciens
Des galipettes avec une fille
L'emmener dans un spoutnik...
C'est si bon d'se foutre de tout
De la Terre qui tourne pas rond.

18

Le lendemain, alors qu'ils venaient de faire leurs prières à l'aube du jour naissant, plusieurs moudjahidin observaient Nikolaï. Il se déplaçait comme un automate, serrait les mains de ses anciens geôliers rassemblés en cercle autour de lui, à la sortie du village de Datch-Riwat, au début du sentier qui menait aux montagnes.

Ata, le propriétaire des chevaux que j'avais engagé depuis mon départ clandestin du Pakistan, chargeait les deux montures de nos bagages. Sur l'un d'eux, le robab d'Assad enveloppé dans une toile. Un moudjahid serra Nikolaï dans ses bras.

– Et qu'on ne revoie plus ta gueule ! dit-il en riant.

Ata acheva de harnacher les bêtes.

Dans mon carnet, j'avais écrit : « Un moment incroyable ! Le Russe et ces moudjahidin tristes de se quitter. Il quitte des amis. Eux voient un frère s'en aller. Comme il n'y avait pas de mots pour exprimer ce qu'ils ressentaient, il y eut un long silence. Ata, le loueur de chevaux, me fit signe qu'il fallait partir. On s'est serré encore les mains, on s'est embrassés. Quel départ ! »

Je me souviens du début de notre marche qui allait durer dix-sept jours. Nikolaï s'est approché de moi, m'a souri et a commencé à parler. Des milliers de mots et des milliers de pas. Ce jour-là, un aigle royal qui chassait sur un territoire dont il connaissait chaque pierre a vu quatre voyageurs avancer à travers la montagne. Deux chevaux portaient leurs bagages. Des caravanes les croisaient, chargées d'armes et de munitions. D'autres caravanes les dépassaient. Elles emportaient des lapis-lazulis. Ainsi allaient ces hommes. Des voyageurs différents, chacun dans leur monde. L'Afghan aux chevaux songeait à ce qu'il gagnait à accompagner ces étrangers au Pakistan. Il rêvait de revenir avec une cargaison plus rentable que le convoyage d'armes. Il pensait au fourrage de ses montures. Il priait pour qu'elles n'attrapent pas le mal des montagnes. Il passait son temps à vérifier la position des charges sur leurs dos. Ces chevaux étaient son trésor, son gagne-pain, sa liberté d'aller et venir, repartir et revenir. Au franchissement d'un torrent, il savait encourager ses bêtes. Au passage des cols, il avait appris à être vigilant et, s'il le fallait, n'hésitait pas à prendre les sacs sur son dos. Il était prudent et déchargeait les chevaux lorsque les pentes étaient trop abruptes. Ne pas blesser ses bêtes : son obsession. Il savait que les cadavres des chevaux étaient nombreux, de part et d'autre du chemin. Les circonstances étaient délicates : à n'importe quel moment, les Russes pouvaient détruire ses rêves, se moquer de ses prières, et pire : jouir de détruire ses espoirs. Et la route serait longue et rude.

Ali, lui, pensait à améliorer son français. Il songeait aussi à gérer sa fatigue. Il souffrait des genoux mais ne se plaignait jamais. Il pensait à son père, le vieux mollawi d'Astana, son village aujourd'hui en ruines. Il avait appris que les Soviétiques avaient brûlé les livres de son père, son ancien astrolabe, son matériel d'alchimiste. Au lance-flammes ! Lorsqu'il m'avait dit que son père possédait un livre du grand Avicenne, le soufi Ibn Sênâ, je n'avais tout d'abord pas voulu le croire. C'était pourtant vrai. Je l'ai su plus tard. Ali marchait lentement en observant l'étendue de pics et de monts, de roches, de neige et de glace, la nature dans sa majesté, sa grandeur et sa beauté.

Nikolaï, lui, n'était que tourment. Son inquiétude devenait angoisse lorsqu'il se mettait à trop réfléchir. Tant qu'il le pourrait, il raconterait son histoire. N'avait-il pas commis l'erreur de marcher vers une liberté qu'il ne retrouverait peut-être jamais ? Il était cependant vivant. Ses jambes fonctionnaient. N'y avait-il pas un enseignement, une sagesse à recueillir ? Il m'observait m'en allant devant lui, peinant comme lui et Ata, l'Afghan, obsédé par ses chevaux. Il connaissait ces Afghans, lui, Nikolaï Alexandrovitch Petrov, né à Kirjatch loin de cette putain de terre afghane. Marcher. Se contenter d'avancer, ne pas penser.

Au bivouac, j'avais écrit : « Sur un haut plateau de l'Hindu Kush, ramassage de bois et de bouses de vache pour le feu. Ali prépare de thé. Ata sangle des couvertures sur ses chevaux. Le Soviétique demeure silencieux, ailleurs. Il ne sait plus comment il s'appelle : Ahmad ou Nikolaï... Demain, nous allons traverser des villages pachtouns. Ali a dit qu'il fallait faire attention au Russe car ils ne font pas de prisonniers, eux ! Demain, nous n'aurons plus que douze jours de marche. Je me demande comment on va réussir à traverser la frontière avec le Russe. Inch Allah ! »

Trois jours s'écoulèrent, incrustant davantage la fatigue en chacun de nos corps. Le quatrième jour, une tempête de neige surgie des nuages ralentit la marche. Le froid était terrible. La peau des visages brûlait. On se distinguait à peine les uns les autres. Il fallait lutter contre le vent et contre le brouillard. Ne pas perdre la piste. Prier pour que le terrain n'ait pas été parsemé de mines. La nuit tomba brusquement. Soudain, dans ce naufrage, Nikolaï poussa un cri. Il avait discerné une cabane, là-bas, dans le lointain tout noir.

Plus tard, on se réchauffait dans un abri rudimentaire. Un vieillard avait apporté une branche d'arbre qu'il entreprit de débiter. Dans un coin, un jeune homme, plié en deux, ronchonnait. Ali s'acharnait à faire prendre le feu. Il faisait très froid. Le vieil homme s'apprêtait à sortir de la cabane. Le jeune homme gémit. Le vieil homme sortit. Le vent glacial s'engouffra dans la pièce de pierre. Le feu semblait sur le point de s'éteindre.

Recroquevillés sur nous-mêmes, serrés les uns contre les autres, on tentait de se réchauffer. Le vieil homme, rougi par le froid, la barbe en glaçons, revint du dehors d'où on entendait rugir la tempête. Il n'avait trouvé que quelques brindilles et trois branches avec lesquelles il s'obstina à raviver les flammes. Le feu reprit. Le vieil homme grimpa alors sur le dos du jeune homme et se mit à lui masser la colonne vertébrale avec le tranchant de ses semelles. Suivit une séance d'élongations, le vieux tirant violemment les pieds du jeune homme, avant de donner des coups de pied dans ses chaussures. Le jeune subissait cette thérapie sans protester. La séance achevée, les deux hommes s'emmitouflèrent dans leurs patous. Et s'endormirent aussitôt. Les dernières brindilles se consumaient. Le feu mourait. Restèrent les braises, maigres, fragiles.

Le jour se leva sur un tas de cendres sans chaleur. Du dehors, parvinrent des bruits. On aurait dit des chevaux, on aurait dit des chameaux. Non loin de la cabane, des monticules de couvertures, des selles, des ballots de tissus, des ustensiles de cuisine... et des chameaux, des chevaux et mules. Et des chiens. Et des femmes. Et des hommes. Et des enfants. Ils étaient arrivés dans la nuit, malgré le froid.

Les femmes portaient des robes colorées.

– Ce sont des réfugiés, dit Ali. Des gens du Nord, des Ouzbeks, de Kunduz ou de Mazar-e Charif.

Le soleil apparut sur la ligne de crête. Nous étions assis au centre d'un cercle d'hommes et d'enfants, sur des tapis posés à même l'herbe du haut-plateau. Une herbe verte, courte, dense comme de la mousse. Nous buvions du thé brûlant. Une vieille femme nous présenta un enfant. Elle nous fit comprendre qu'il était malade. Nous n'étions pas médecins. Nikolaï me servit d'interprète, Ali se trouvait plus loin, avec Ata, discutant au sujet des chevaux, trop épuisés pour poursuivre leur route. « Putains de propriétaire de chevaux ! avais-je noté dans mon carnet. Ce type va nous lâcher. »

La femme montrait la plaie de son enfant. Elle réclamait des médicaments.

– *Doctor nist !*

Le tonnerre éclata. Subitement, des Mig passèrent au-dessus du cirque de montagnes. Ils étaient deux. Ils piquèrent vers le plateau. Personne ne bougea, tétanisé par la peur et la surprise. La montagne n'offrait aucun refuge. Les avions remontèrent très haut dans le ciel de ce petit matin. Ils virèrent lentement, remontèrent encore comme pour mieux plonger vers ce plateau d'herbe qu'encadraient les montagnes. On aurait pu croire qu'ils allaient partir, au diable, mais non : ils prirent un autre virage et lâchèrent la foudre.

L'espace d'un cauchemar, les avions avaient disparu. Le ciel n'en gardait aucune trace. La terre savait. Des corps jonchaient l'herbe imprégnée de sang. Des corps et des fragments de corps. Et quelques survivants. Des enfants erraient, en sanglotant, hagards, bras tendus, comme des aveugles. Une mule, secouée de convulsions, fut abattue par un homme en pleurs. Les oreilles bourdonnaient. Certaines n'entendraient plus les voix ni les chants, les poèmes, le murmure du vent et des ruisseaux. Petit à petit, les survivants devinrent plus nombreux. Ils s'aventuraient à découvert, passaient de corps en corps. Déjà, on rassemblait les morts. On tentait d'apaiser les blessés qui gémissaient.

Plus tard, beaucoup plus tard, j'écrirais : « Ali est vivant. Survivant, comme nous. Accroupi devant le corps d'un petit garçon ensanglanté. Nikolaï l'a vu le premier. C'était la première fois qu'il se laissait aller à pleurer. Il s'était pourtant juré de ne pas offrir sa tristesse aux Russes. »

Au creux du désastre, je me demandais à quoi Nikolaï pensait. Il pleurait, puis se mit à vomir. Des hommes creusèrent une fosse pour enterrer les corps que d'autres étaient en train de rassembler. L'un se mit à psalmodier une prière. Les femmes sanglotaient. De petits enfants, sonnés, titubaient. J'avais pris des photos et filmé. Visages d'Afghans retenant leur désespoir. Photos de témoignage.

La marche avait repris. Des souvenirs pêle-mêle comme cet attroupement de survivants sur les rives d'un violent torrent. Un cheval immobilisé au milieu des remous. Son cavalier avait beau le frapper avec sa cravache, rien n'y faisait, l'animal restait terrorisé. L'homme sauta à l'eau, glissa et se fit emporter. La panique. Une trentaine de mètres plus bas, on le récupéra de justesse. Un autre cheval s'engagea dans le courant. Il fallait passer. Personne n'avait le choix. Les avions pouvaient revenir.

Quatre hommes portaient un premier brancard bricolé avec des branches d'arbres et des vestes, les branches passant par les manches. Ils s'aventurèrent dans le bouillonnement du torrent et le franchirent, les dents serrées. D'autres suivirent. Des blessés. Quelques-uns allaient bientôt mourir.

Plus loin, la colonne avançait en direction d'un col.

– Cinq mille cinq cents mètres ! Encore quatre cols et ce sera fini.

– Si les Soviétiques nous oublient...

– Inch Allah !

Fragments de dialogue.

Longue procession d'hommes, de femmes, d'enfants, de chevaux, de chèvres et de chiens, qui s'étirait à travers le paysage. La pierre était devenue noire. Il n'y avait plus de poussière, mais un vent glacé qui exigeait des efforts, de la peine, comme si ces êtres n'avaient pas assez souffert. On s'acharnait pour avancer. La plupart taisaient leurs souffrances. Parfois un réfugié s'immobilisait au milieu du sentier. Il regardait le vide, l'enchevêtrement des lignes de crêtes. Il reprenait son souffle, puis sa marche, pas après pas. La pente devenait de plus en plus raide, le site, de plus en plus grandiose. Sur de larges pierres noires, éparpillées aux alentours, résonnaient les chocs des souliers des hommes et des sabots des animaux. On entendait quelquefois le cri strident d'une marmotte.

Assis sur un rocher, le temps d'une halte, j'avais écrit deux pages pour ne jamais oublier que j'avais eu à nouveau honte d'être un humain. Nikolaï m'avait regardé sans sourciller, compatissant, comme s'il savait que les mots que j'inscrivais sur le papier porteraient témoignage.

Le soir, après une descente de plusieurs heures, nous nous étions arrêtés à l'entrée d'un village. Ali était parti voir le chef local. Nous nous sommes retrouvés entourés de Pachtouns reconnaissables à leurs turbans. Ils n'avaient pas dû voir beaucoup d'étrangers en cet extrême Afghanistan coupé du reste du monde par les plissements de terrain de l'Hindu Kush qui n'en finissait pas d'accumuler ses obstacles. Ils voyaient des étrangers fatigués, sales et tristes. Ils savaient ce qui s'était passé plus haut, plus loin, mais eux n'avaient jamais été bombardés. Ils ne pouvaient deviner ce qui s'était inscrit dans l'esprit des hommes qu'ils observaient. Qui aurait pu le comprendre ? Lorsqu'on ignore à quoi ressemblent le fracas et le souffle d'une bombe, comment trembler ? Lorsqu'on n'a pas vu de ses yeux des éclats de métal mutiler des corps, comment s'horrifier vraiment ?

Ali était revenu, contrarié, embarrassé.

– Les gens disent qu'il existe un raccourci. Mais qu'il est difficile et peu fréquenté.

Ata pensait à ses chevaux. Il préférait suivre le chemin classique, celui que les réfugiés avaient emprunté. Ali avait répété qu'il existait une route plus courte pour atteindre le Pakistan. Ata s'obstinait à prétendre que le chemin que nous voulions prendre était trop dangereux. Nous allions pénétrer dans une province où ils ne gardaient pas de prisonniers russes. On racontait que, dans un de ces villages, ils avaient fait un bozkachi avec un soldat soviétique. La route n'était pas connue, on risquait de tomber sur des bandits.

Je m'étais levé, avais tourné le dos à Ata et m'étais dirigé vers le sentier qui partait de la place du village. Les autres m'avaient suivi. Nous n'étions que quatre hommes et deux chevaux à prendre cette voie qui menait vers le Pakistan, quatre hommes isolés dans leur marche avec le poids de leurs tracas.

On passa la nuit à bivouaquer. Ata faisait la gueule. Il répétait sans cesse que cette route était trop risquée, qu'il aurait fallu suivre les réfugiés. Nikolaï, lui, restait tassé dans son sac de couchage. Les chevaux broutaient, attachés à de longues cordes retenues à des piquets. On ne distinguait presque plus la découpe des crêtes des montagnes. Silence sous la nuit étoilée. Nikolaï contemplait les étoiles.

Le lendemain, le sentier étant de plus en plus escarpé, les chevaux peinaient, glissaient, manquant à chaque pas de tomber dans le précipice. Ata craignait pour ses montures. Tendu, nerveux, il nous en voulait d'avoir opté pour cette route. Nikolaï poursuivait le récit de l'existence qu'il avait eue avec les hommes de Najmudine. Plus il parlait d'eux, plus ceux-ci semblaient former sa famille, et lui manquaient.

Le soir, les lumières d'un hameau apparurent au détour du sentier. Une porte s'était ouverte. Un vieil homme, vêtu d'un *chapam*, ce manteau afghan à longues manches, nous avait accueillis.

Dans sa maison, plusieurs Afghans vinrent nous

saluer. Ils se passaient un narguilé, fumant les uns après les autres et parlant tous en même temps. Leurs barbes et leurs turbans leur donnaient des allures impressionnantes. On les aurait crus sortis d'un conte des mille et une nuits. Le plus âgé, qui semblait le chef, venait de parler longuement de nous, en pachtou, à Ali.

– Il dit que la route est impossible pour les chevaux, avait traduit Ali, l'air ennuyé. Il dit aussi que le Pakistan est à douze jours de marche.

Un jour on prétendait qu'il nous restait huit jours de voyage, un autre, dix. C'était décourageant. À croire qu'ils n'avaient jamais quitté les abords de leur village.

– Personne ne connaît cette route, Ata non plus. Il a dit qu'il ne voulait plus continuer avec nous. C'est trop risqué pour ses chevaux.

– Il nous abandonne !

– On va essayer de trouver quelqu'un d'autre, ici, ils ont des ânes ou des porteurs.

Des hommes en armes avaient alors pénétré dans la pièce, au nombre de trois. Ils avaient pris place face au vieil homme, sans nous saluer, le visage fermé, l'air hostile. Ali s'était senti très mal à l'aise. L'un des hommes s'adressa à leur hôte en arabe, puis à Ali en dari, me désignant.

– D'où vient cet Infidèle ? Un chrétien ?

– C'est notre invité. Il est là pour faire connaître notre cause. C'est un journaliste et un ami.

L'homme se leva, en colère, kalachnikov à la main.

Ali ajouta, d'une voix qui se voulait apaisante :

– Il prend des risques pour nous.

L'hôte pachtoun s'était levé à son tour pour amener l'excité à s'asseoir près de lui. Il lui avait tendu le narguilé. La tension était forte. Les trois hommes s'engueulaient en arabe.

– Ce sont des Saoudiens, murmura Ali. Ils sont avec Gulbuddine Hekmatyar, l'ennemi de notre chef.

L'hôte pachtoun s'adressa à Ali, qui traduisit simultanément :

– Il dit que vous êtes ses hôtes, comme ces hommes. Tant que vous serez chez lui, le code d'hospitalité garantit votre sécurité. Il dit que vous ne devez pas avoir peur.

Le Saoudien agressif désigna Nikolaï, tassé dans un coin de la pièce, les jambes ramenées devant son visage, faisant semblant de dormir. Il le montra du doigt.

– Qui c'est, celui-là ?

Ali, soudain très nerveux, m'avait regardé. J'avais perçu sa peur. Nikolaï, qui n'avait rien manqué de ce qui se passait, avait pris sur lui de rester calme. Ali me traduisit la question :

– Il demande qui est notre ami.

– Dis-leur que c'est mon assistant et s'il ne parle pas, c'est qu'il est malade.

Ali traduisit. Tout le monde regardait Nikolaï qui s'efforçait de sourire. Les Saoudiens semblaient haineux. L'un d'eux cracha dans un crachoir. À cet instant, un homme entra dans la pièce. Pressé, il s'adressa en arabe aux trois hommes, lesquels se levèrent, saluant leur hôte pachtoun et, sans un regard pour nous, quittèrent la pièce. Dans le silence, on n'entendit plus que la braise du narguilé que le vieil homme continuait de fumer en paix.

Ali m'avait expliqué que la région était contrôlée par Gulbuddine Hekmatyar, l'allié des Arabes.

– Et c'est la CIA qui les soutient !

– Je sais, Ali, mais ce n'est pas de ma faute si les Américains considèrent le monde comme une partie d'échecs ?

Nikolaï cherchait à comprendre la conversation.

– Les Américains pensent que les pires ennemis des Soviétiques sont les plus radicaux parmi les musulmans. Les services secrets pakistanais les confortent dans cette voie. En cas de conflit avec l'Inde, ce qui n'est pas exclu, les Pakistanais veulent contrôler leurs arrières, ce que les militaires appellent « la profondeur stratégique ». Et « leurs arrières », pour les Pakistanais, c'est l'Afghanistan. Hekmatyar est devenu leur pion dès l'occupation soviétique en 79, parce qu'on peut acheter cet obsédé du pouvoir. Depuis, il n'a cessé d'être aidé. Lui et tous les fondamentalistes proches des Pakistanais reçoivent la plus grande part de l'aide américaine. Mais si on regarde comment Hekmatyar fait la guerre, on apprend qu'il se bat surtout contre d'autres Afghans, pas contre les Russes. Un comble ! Les Américains se trompent.

Je me souviens du sourire de Nikolaï. Cette histoire politique le dépassait. Il n'avait rien demandé à personne, surtout pas d'être envoyé vers cet Afghanistan dont il ignorait l'existence avant son service militaire. Que savaient-ils, ces miliciens arabes ?

Une heure plus tard, deux adolescents apportèrent le dîner : des monticules de riz fumant dans lesquels étaient enfouis quelques morceaux de mouton bouilli, des raisins secs et des pistaches.

– Le *palawo* national ! avait commenté Ali, pour détendre l'atmosphère et se rassurer lui-même.

Le lendemain, je nous revois, Nikolaï, Ali et celui qui nous avait loué deux montures pour remplacer les chevaux d'Ata. Nous avions avec nous le plus petit âne d'Afghanistan. Lorsqu'il fallait passer entre deux rochers, nous étions obligés de le porter par les pattes de devant et de derrière. Lorsqu'il fallait franchir un torrent, il manquait de se faire embarquer par les eaux. Quelle rigolade ! Sur les dernières pages de mon carnet, j'avais écrit : « La route est tellement difficile que nous progressons fort lentement. De plus, l'âne miniature ne cesse de tomber ou d'être stoppé par un obstacle trop grand pour lui. Il faut souvent le porter ! Porter l'âne ! Mais ce genre de souci nous rassemble en nous faisant oublier les dangers. A-t-on déjà vu un couillon de Français et un Russe soulevant ensemble une monture censée transporter leurs bagages ? »

Il nous avait fallu trois jours pour atteindre un fleuve que nous avions franchi, allongés sur des chambres à air de camions. Puis nous avions marché à travers une vaste plaine jusqu'à atteindre des collines arrondies. D'autres Afghans s'étaient joints à nous, répétant que le Pakistan était proche, tout proche. Un passeur, moyennant quelques dollars, s'était proposé de nous aider à franchir le dernier obstacle. « Inch Allah ! » avait-il murmuré, enfouissant la poignée de billets sous sa vareuse. Dans la maison où nous avions passé notre dernière nuit afghane, Nikolaï avait sorti le robab de son étui de toile. Il en avait essuyé la poussière avec soin, à l'aide d'un foulard, et avait chantonné :

– Demain, demain, toujours demain. Demain, c'est quoi demain ?

Nikolaï avait ensuite chanté des chansons de son pays, belles, tristes et douces.

– En Occident, rêvait Ali, il deviendra une rock star !

Un jour, peut-être, ai-je rêvé, moi aussi, il y aura quelque part, dans une immense salle de concerts, une foule en délire. Nikolaï sur scène. Des faisceaux de lumière. Nikolaï tenant une guitare en forme de kalachnikov dont il fera vibrer les cordes. On n'entendra pas d'explosion mais le cri de sa musique. La foule hurlera. Puis, de sa voix unique, il chantera l'infinie douceur et la foule applaudira. Un jour, peut-être. Un jour sûrement. Demain, *farda*.

Le lendemain, du haut d'une colline, un homme pointa son doigt vers l'horizon. Il cria vers nous : « Pakistan ! »

D'où nous étions, on apercevait déjà quelques minuscules voitures qui roulaient sur une piste, dans le lointain, suivies d'un sillage de poussière. Nikolaï regarda, ébahi.

– C'est trop beau ! dit-il.

Commença alors une longue descente sous un soleil de plomb. Nous étions suivis par quatre hommes qui portaient nos bagages, soulageant notre âne à bout de forces.

– Tu viens ?

19

Six mois plus tard, au Pakistan, non loin de la frontière afghane, dans cette parcelle de territoire qu'on appelle « zone tribale », un homme lâcha un juron en ouvrant une porte cadenassée. Dans la pénombre, sa main fit passer deux écuelles remplies d'un liquide trouble. Les récipients glissèrent sur la terre battue. Une main hésitante attrapa une des écuelles. Lentement, il la porta à ses lèvres. Un homme, très maigre, malade, aux yeux vides, qui se mit à laper la soupe.

C'était Nikolaï. Sa barbe avait envahi son visage. Il était si maigre qu'on distinguait le squelette de sa tête sous une fine pellicule de peau diaphane. Un autre homme somnolait à ses côtés, lui aussi en piteux état : Igor, un autre prisonnier soviétique. Nikolaï le poussa du coude pour le réveiller. Igor s'empara de l'écuelle et lapa à son tour le liquide qu'elle contenait.

Je sais, pour en avoir souvent témoigné, qu'il existe des histoires qui prennent fin brutalement, par surprise, comme la vie. Celle de Nikolaï et de son camarade de détention en fait partie. Quelques semaines plus tard, alors que le même cérémonial se répétait jour après jour – le cadenas qu'on ouvre, l'écuelle qu'on glisse sur le sol –, les deux prisonniers tentèrent de s'évader. La chance n'était pas au rendez-vous. Peut-être le destin était-il écrit ainsi : une rafale de balles traversa leurs corps. On les enterra sans cérémonie.

Personne ne savait rien d'eux, personne ne s'en souciait. Dans la presse occidentale, on préférait occuper l'espace des journaux d'information par des accidents ferroviaires ou des catastrophes aériennes, un mouvement social, une manifestation antimondialiste, une autre pour la défense des droits des fonctionnaires d'un système pourrissant dans son confort et de plus en plus de malentendus. On préférait décortiquer à l'infini des sondages, des études de marché, des statistiques. Cette histoire avait eu lieu ailleurs, c'est-à-dire nulle part. Quelque part dans le monde qu'on ne veut plus voir. Histoire d'un jeune homme, Nikolaï, qui n'avait pas choisi de faire une guerre dans un pays qui n'était pas le sien. Encore moins d'y mourir.

Le 9 septembre 2001, à 16 h 56, une dépêche portant la mention URGENT arriva simultanément entre les mains de plusieurs milliers de destinataires dont le métier est de lire, puis de relayer le contenu des informations ainsi véhiculées. Les journalistes reçoivent les premiers les nouvelles du monde. Vous alliez en apprendre le contenu dans les minutes, les heures ou les jours qui allaient suivre, selon que vous écoutiez ou non la radio, regardiez ou non la télévision, lisiez ou non un journal ou un magazine.

Deux jours plus tard, vous alliez intégrer dans votre conscience une série d'événements d'autant plus violents qu'ils seraient répétés jusqu'à saturation par les machines médiatiques.

Ce 9 septembre 2001, la dépêche indiquait que le chef de l'opposition afghane, le commandant Massoud, avait été blessé dans une explosion. Peut-être était-il encore vivant. J'avais décroché mon téléphone pour joindre un ami afghan qui pourrait m'en dire davantage. Massoud occupait ma pensée. Cet Afghan au sourire si doux, amoureux de la poésie, si proche des soufis, si loin des intégristes, cet homme que j'avais vu évoluer et se sortir du piège des extrêmes. En avril 2001, il était venu en France alerter le monde occidental des dangers qui se tramaient dans les coulisses. Il savait que Ben Laden préparait des attentats, que les Pakistanais jouaient un jeu trouble et pervers. On avait ignoré ce résistant qui avait dû mener la guerre sans l'aimer, qui avait détruit, alors qu'il rêvait d'architecture, de construction et de paix. Cet homme, qui n'aimait pas le pouvoir, dont l'autorité était naturelle et le soufisme réel. Cet homme que les Pakistanais s'étaient appliqués à discréditer, mais qui était aimé par ceux qu'il dirigeait.

La ligne de mon correspondant était occupée. D'un tiroir du bas de mon bureau, j'avais sorti une épaisse enveloppe. Elle contenait des photos. Des photos, jamais publiées. Ça n'avait pas été faute d'essayer, mais personne, dans les années quatre-vingt, ne s'y était intéressé. L'Afghanistan, à cette époque, ne passionnait pas grand monde. On oublierait bien vite cette donnée, comme si cette page de notre histoire si importante, où plongent les racines du terrorisme et de l'exacerbation d'un islam politique, devait être effacée. Pour profiter à qui ?

Sur les tirages, on voyait des montagnes majestueuses (les géantes de l'Hindu Kush) et des cavaliers environnés de poussière. Un cliché montrait le commandant Massoud penché sur une carte. Un autre Massoud marchant près du fleuve, le corps enveloppé de son patou. Plusieurs photographies montraient des corps déchiquetés, éparpillés dans de l'herbe verte, des chevaux morts, des cadavres dans une fosse, que des hommes étaient en train de recouvrir de terre. Parmi ces visions, ces clichés, un autre représentait le commandant Massoud, assis devant un muret de pierre, aux côtés d'un jeune homme vêtu à l'afghane, à la peau blanche et aux yeux bleus. Le chef afghan souriait et regardait le jeune homme.

Le 11 septembre 2001, deux jours après l'attentat-suicide qui coûta la vie à Ahmad Shah Massoud, les photos se trouvaient toujours sur mon bureau, alors que plusieurs milliards de postes de télévision se mettaient à délivrer au regard de milliards d'êtres humains les mêmes images spectaculaires d'un avion de ligne américain percutant l'une des tours du World Trade Center. Lorsque l'ensemble architectural s'effondra dans un nuage de poussière, quelques individus crurent qu'au cœur de New York surgissait un volcan. Les Américains venaient soudainement de découvrir que leur invulnérabilité était un leurre.

Pour l'ami afghan qui m'avait parlé au téléphone, les victimes de ces attentats s'ajoutaient à plus d'un million et demi d'Afghans sacrifiés et treize mille Russes tués.

Si les événements du 11 septembre 2001 n'étaient pas arrivés, le 9 septembre aurait été oublié. Sur la photo que je possède, qui montre le chef afghan près de Nikolaï, Massoud a le sourire d'un homme heureux. Il vient de lui annoncer qu'il lui rend la liberté après lui avoir demandé si sa famille lui manquait, si le soldat soviétique lui en voulait, à lui, l'Afghan et à tous ses hommes qui l'avaient gardé en vie.

Plus tard, le Russe avait serré les mains des moudjahidin, ses anciens geôliers. Un commandant s'était esclaffé en riant : « Qu'on ne revoie pas ta gueule ! » Humour afghan, pudeur des sentiments. Histoire vraie. Comme le fait que les Américains avaient aidé les groupes islamistes les plus radicaux de ce qu'on appelait, autrefois, du temps de l'Union soviétique, la résistance afghane. Plan simpliste ourdi par des experts de la CIA qui, dès le début des années quatre-vingt, s'étaient mis en tête que les islamistes seraient sûrement les pires ennemis des Soviétiques. Ainsi, le terrorisme, au nom d'un Allah bien étranger à celui de millions de musulmans pacifiques, n'est pas né le 11 septembre. Ce jour-là, des Américains sont devenus les victimes d'autres Américains, ceux-là mêmes qui ont fourni leurs premières armes à des fanatiques aux dépens de la démocratie. La nuit même, je me suis mis à écrire, apostrophant le spectateur occidental : « Que sais-tu du monde, toi qui vis dans l'illusion d'un confort éternel ? Toi que tes télévisions abêtissent ? Toi qui t'empêtres dans des problèmes que tu génères ? Que sais-tu de l'étoile du soldat et de cette merde que charrient les hommes depuis la nuit des temps ? Toi qui profites de la paix depuis si longtemps. Toi qui ne veux rien apprendre de l'histoire de ceux qui luttent pour leur vie. Toi qui, dans l'égoïsme de ta liberté, ne sais plus voir un être humain... »

Massoud, lui, regardait Nikolaï dans les yeux, l'enveloppant de son sourire d'homme juste et bon. La photographie que je possède rassemble ces deux êtres humains, ennemis d'une guerre de folie : le chef afghan et le jeune Soviétique, un jour où le bonheur était simple. Nikolaï venait d'être libéré.

Le 11 septembre 2001, exaspéré par ce que j'entendais, j'ai repris mon stylo pour raconter cette histoire, différente de celle dont on nous a rebattu les oreilles. J'ai commencé par ces mots : « Chapitre 1. J'avais envie d'imaginer sa ville. Une petite ville russe comme il en existe des milliers dans ce pays immense. Elle possédait une rivière, m'avait-il dit. Une rivière... »

DU MÊME AUTEUR

Aux Éditions du Félin et Arte Éditions

MASSOUD L'AFGHAN, 1998, Nouvelle édition en 2001 (Folio n° 3733)

SCOOPS, 2002 (Folio n° 3896)

Aux Éditions Robert Laffont

POUSSIÈRES DE GUERRE, avec Frédéric Laffont, 1990

LES GOBEURS DE LUNE, roman, 1987

LE CLANDESTIN, 1984

Aux Éditions Massot

VIES CLANDESTINES, 2000, Prix littéraire des droits de l'homme 2001

Aux Éditions Bibliophone Daniel Redford

LETTRE OUVERTE À JOSEPH KESSEL SUR L'AFGHANISTAN, suivie d'UNE ENVIE DE HURLER, 2002

Aux Éditions Mille et une Nuits et Arte Éditions

FEMMES D'ASIE CENTRALE, 2005

Composition IGS
Impression Bussière, avril 2006
Éditions Albin Michel
22, rue Huyghens, 75014 Paris
www.albin-michel.fr
ISBN 2-226-17238-6
N° d'édition : 24283 – N° d'impression : 061529/4
Dépôt légal : mai 2006
Imprimé en France.